Basteln und Gestalten mit Senioren

Sandra Köhnlein hat zwei Kinder und lebt, betreut und schreibt im Hohenlohischen. Als gelernte Erzieherin entdeckte sie vor mehreren Jahren ihr Interesse für die Arbeit mit älteren Menschen und ist seitdem begeistert in der Seniorenbetreuung tätig. Mit ihrem Debüt »Tanzen im Sitzen« hat sich Sandra Köhnlein auf das Tanzen mit Senioren aus der eigenen praktischen Arbeit heraus spezialisiert. Kompakte Inhalte und verständliche Texte sind ihr Markenzeichen – ohne dabei auf eine umfassende Betrachtung des Themenbereiches zu verzichten. So auch bei ihrem Buch »Basteln und Gestalten mit Senioren«, das die Reihe »Aktiv mit Senioren« einleitet. Ergänzend bietet die Autorin Kurse an. Kontakt: www.tanzen-mit-senioren.de

Sandra Köhnlein

Basteln und Gestalten mit Senioren

Aktiv mit Senioren | Band 1

BÜCHNER

Besuchen Sie uns im Internet:
www.buechner-verlag.de

Sandra Köhnlein
Basteln und Gestalten mit Senioren. Ideen für kreative Begegnungsrunden
(= Aktiv mit Senioren, Band 1)

ISBN 978-3-941310-84-1

Bahnhofstraße 5, 35037 Marburg
Kontakt: info@buechner-verlag.de

Satz und Umschlaggestaltung: DeinSatz Marburg
Umschlagabbildung: FredFroese | www.istockphoto.com
Druck und Bindung: Totem.com.pl, Inowrocław, Polen

Die verwendeten Druckmaterialien sind zertifiziert als FSC-Mix.

Bibliografische Informationen der Deutschen Nationalbibliothek
Die Deutsche Nationalbibliothek verzeichnet diese Publikation in der Deutschen Nationalbibliografie, detaillierte bibliografische Angaben sind im Internet über http://dnb.ddb.de abrufbar.

Inhalt

1. Treffpunkt Begegnungsrunde

Schwerpunktorientierte Begegnungsrunden sind ein wertvolles Mittel zur Herstellung, Wahrung oder Anhebung der Lebensqualität von Pflegebedürftigen in Senioreneinrichtungen und Betreuungsgruppen. Begegnung bedeutet, zusammen Zeit zu verbringen, sich anzunähern, sich kennenzulernen, sich aufeinander zu beziehen, gemeinsam zu handeln – sich zu begegnen.

Der Schwerpunkt einer Begegnungsrunde ist ein wichtiger Punkt einer Tätigkeit, eines Problems oder einer Frage, auf den sich die Akteure beziehen. Bei schwerpunktorientierten Begegnungsrunden werden Aktionen und Aktivitäten sozusagen aufgrund einer richtungsweisenden Überschrift ausgewählt – wie Backen und Kochen, Musik und Rhythmik, Bewegung und Gymnastik oder Entspannen und Wahrnehmen. Individuelle Interessen und Vorlieben von zu Betreuenden erhalten einen hohen Stellenwert, denn sie selbst sind quasi als Experten gefragt. Bestimmte Fähigkeiten und Kompetenzen werden intensiv gefördert.

Begegnungsrunden mit Gruppen bieten Gemeinschaft, Kontakte und Austausch, wodurch sie der Gefahr von Vereinsamung entgegenwirken. In der Einzelbetreuung nehmen persönliche Zuwendung und Wertschätzung einen hohen Stellenwert ein, was vor allem stark beeinträchtigten Menschen und Menschen in schwierigen Lebenssituationen zugutekommt. Außerdem sind Angebote in der Einzelbetreuung zeitlich und räumlich flexibel mit meist geringem Aufwand einsetzbar.

Bedürfnispyramide nach Maslow

Der amerikanische Psychologe Abraham Maslow ordnete Bedürfnisse in einer Rangfolge und unterschied körperliche, seelische, soziale und geistige Bedürfnisse.

- Stufe 1 – *Körperliche Bedürfnisse*: Wärme, Trinken, Essen, Ruhe, Schlaf, Körperpflege, Schmerzfreiheit, Sexualität

- Stufe 2 – *Sicherheitsbedürfnisse*: Schutz vor Gefahren, Unabhängigkeit, Wohnung, Kleidung, Vorsorge, Geborgenheit
- Stufe 3 – *Soziale Bedürfnisse*: Freundschaft, Liebe, Zärtlichkeit, Zuwendung, Vertrauen, Lob
- Stufe 4 – *Bedürfnis nach Wertschätzung*: Leistung, Kompetenz, Selbstvertrauen, Anerkennung, Bewunderung
- Stufe 5 – *Bedürfnis nach Selbstentfaltung*: Kompetenzen ausbauen, Selbstverwirklichung, Wissenserwerb, Ästhetik, Sinnfindung, Religion

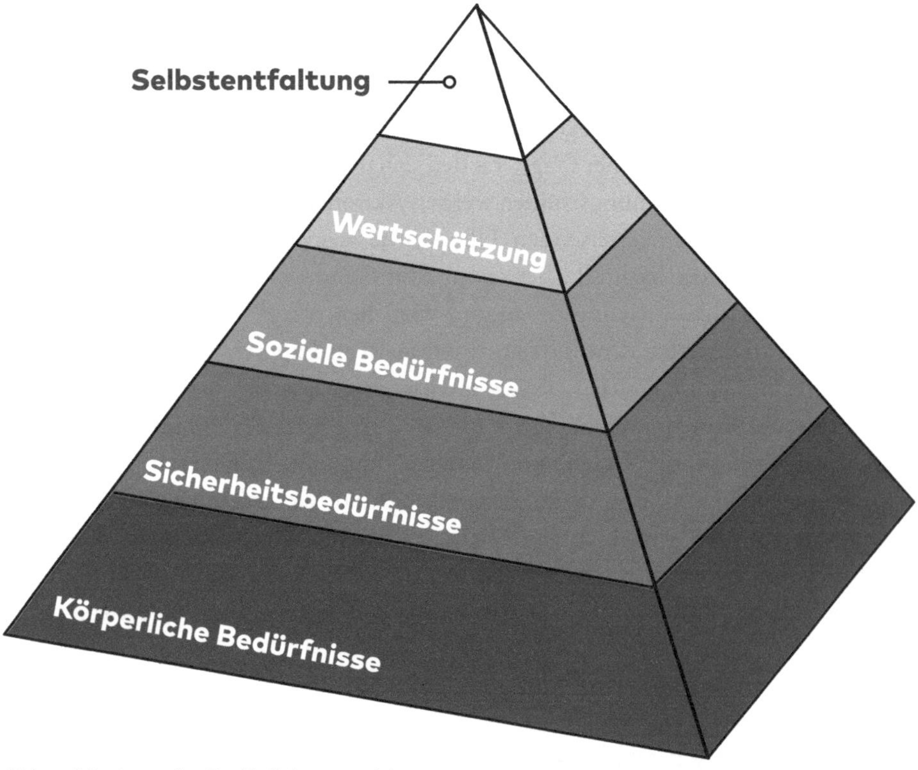

Abb. 1: Maslowsche Bedürfnispyramide

Basteln und Gestalten

Jeder Mensch ist einzigartig. In der Betreuungsarbeit heißt dies, Begegnungsrunden auf die Bedürfnisse und Kompetenzen Beteiligter abzustimmen und Vorlieben Einzelner zu berücksichtigen. Mit dem reichhaltigen Fundus an Ideen, den ich zusammengestellt habe, werden Künstler und Kreative angesprochen. Die Einteilung in verschiedene Tätigkeitsbereiche erleichtert die konkrete Auswahl der künstlerischen Aktivität. Ob Sie gemeinsam Basteln, einfache gestalterische Arbeiten ausüben, Musik in Formen umsetzen, künstlerisch Gestalten oder Texte malen – etwas Bleibendes entsteht, das die Persönlichkeit des Schaffenden widerspiegelt.

HINWEISE

Sämtliche Tipps, Ideen und Hinweise wurden ausgiebig und mit großer Sorgfalt durchdacht und recherchiert. Prüfen Sie vor Ort selbst entsprechend ihrer Situation und wägen Sie ab, welche Anregungen Sie wie und bei welchen Personen umsetzen. Eine Haftung für etwaige Personen- und Sachschäden ist ausgeschlossen. Die Durchführung der Anregungen erfolgt ausschließlich in eigener Verantwortung des Anwenders bzw. der Anwenderin.

2. Begegnungsrunden planen – So gehen Sie modellhaft vor

Vorgehensmodelle unterteilen in verschiedene Phasen und modellhafte Überlegungen liefern Einsichten. Modelle erleichtern ein systematisches Vorgehen, schaffen dadurch Erfolgsaussichten und können immer wieder verwendet werden.

Eine schwerpunktorientierte Begegnungsrunde anhand eines Modells zu planen spart Zeit sowohl für einzelne Betreuungskräfte als auch für die Zusammenarbeit im Team.

Sie müssen das Rad nicht jedes Mal neu erfinden, ein für alle Mitwirkenden nachvollziehbares und transparentes Modell ermöglicht das gemeinsame Arbeiten auf gleicher Ebene. Jeder Mitarbeiter kann seine Stärken und Talente einbringen, im Notfall aber auch für andere Mitarbeiter einspringen.

2.1 Teilnehmeranalyse

Erstellen Sie einen Orientierungsbogen. Notieren Sie außerdem, welche Fähigkeiten Personen mitbringen und welche Schwierigkeiten sie aufgrund von körperlichen, geistigen oder seelischen Beeinträchtigungen im Alltag haben.

- Welche Eigenschaften und Erfahrungen bringen Teilnehmer mit aufgrund biografischer Hintergründe?
- Welche Kompetenzen bringen sie mit?
- Wie ist ihr Gesundheitszustand?

ORIENTIERUNGSBOGEN

Eine Kopiervorlage und ein Beispiel für einen ausgefüllten Orientierungsbogens stehen Ihnen auf S. 202–205 zur Verfügung.

Dort finden Sie außerdem Anhaltspunkte für die Ausarbeitung der Teilnehmeranalyse.

Biografie

Der Lebenslauf mit Zahlen und Fakten bildet zunächst eine Basis zur Beschreibung des Lebens eines Menschen. Wichtige Ereignisse und Erlebnisse auf dem Lebensweg, die das Fühlen, Denken und Handeln beeinflussten, vervollständigen sein Lebensbild. Die Biografie ist Teil der eigenen Identität, sie spiegelt wieder, wer ich bin, wie ich bin und was mich ausmacht. Identität und Persönlichkeit sind individuell und somit auch Bedürfnisse und Stärken eines jeden Menschen.

- *Prägende Faktoren im Kindesalter:* Geburtsjahr, Geburtsort, Beruf der Eltern, finanzielle Situation, Wohnsituation, familiäre Situation, Geschwister, Freundeskreis, Erziehung, Regeln, Schule
- *Prägende Faktoren im Erwachsenenalter:* Strukturen, Schicksalsschläge, Glücksmomente, Bindungen, Erfolge, Vorbilder, beruflicher Werdegang, Freizeitgestaltung, Rituale, Aufgaben, politische und historische Ereignisse
- *Die Identität kennzeichnende Aspekte:* Qualifikationen, Kenntnisse, Wissensstände, Talente, Begabungen, Einstellungen, Wertvorstellungen, Überzeugungen, Erwartungen, Antriebe, Wünsche, Gewohnheiten, Denkmuster, Vorlieben, Interessen, Motivationen, Charaktereigenschaften → Stärken und Schwächen, Bedürfnisse und Kompetenzen

Wichtige Aspekte beim Basteln und Gestalten

- ➢ Wo sind Teilnehmer geboren und aufgewachsen? An welchem Ort bzw. in welchem Land verbrachten sie die meiste Zeit Ihres Lebens? Welchen Beruf übten sie aus? Wie verbrachten sie ihre Freizeit?
- ➢ Besuchten Teilnehmer Kunstaustellungen? Zu welcher Stilrichtung? Wie haben ihnen Veranstaltungen und Werke gefallen?
- ➢ Haben Teilnehmer einen Lieblingskünstler? Was schätzen sie an dessen Werken besonders?
- ➢ Würden sich Teilnehmer als kreativ bezeichnen? Wie äußert sich dies?
- ➢ Malen oder Zeichnen Teilnehmer gerne? Arbeiten sie gerne mit Papier, Holz, Stein oder Ton? Stricken oder häkeln sie gerne? Oder bevorzugen sie eine andere kreative Tätigkeit?

- Dekorieren und Schmücken Teilnehmer gerne? Z. B. zu Feierlichkeiten den Tisch, entsprechend der Jahreszeit die Zimmer?
- Was denken Teilnehmer über moderne Kunst?

Kompetenzen

Jeder Teilnehmer bringt bestimmte Fertigkeiten und Fähigkeiten mit. Er kennt sich in seinem bestimmten Fachgebiet besonders gut aus und ist handlungsfähig. Auf anderen Gebieten hingegen fallen das Lösen von Problemen und die Bewältigung von Aufgaben schwer. Folgende Bereiche können besonders stark ausgeprägt sein:

- *Körperliche Fähigkeiten:* Feinmotorik, Kondition und Ausdauer, Koordination und Geschicklichkeit, Reaktionsvermögen, Körpergefühl und Wahrnehmung (Sinne), Grobmotorik, eigene Grenzen beachten ...
- *Geistige Fähigkeiten:* Wissen und Kenntnisse, Gedächtnis, Konzentration und Aufmerksamkeit, logisches Denken, fotografisches Gedächtnis, räumliches Vorstellungsvermögen, Sprachausdruck und Schriftsprache, Anpassung an Umweltbedingungen ...
- *Soziale Fähigkeiten:* Selbstvertrauen, Geduld und Ausdauer, Humor, Kreativität, Eigeninitiative und Engagement, Flexibilität, Einfühlungsvermögen und Kooperation, Regeln respektieren, mit Kritik angemessen umgehen ...

Erkrankungen

Krankheiten, egal welcher Form, wirken sich auf Körpersprache, Fitness, Verhalten und nicht zuletzt auf das Gefühlsleben aus. Die Minderung der eigenen Leistungsfähigkeit, die fehlende Aussicht auf eine Veränderung der Situation oder die Verschlechterung der Lebensqualität greifen tief in das eigene Lebensgefühl ein. Das Wissen über anhaltende körperliche und geistige Einschränkungen ist für ihre Arbeit unerlässlich. Sie können daraus schlussfolgern, was Sie dem Teilnehmer zutrauen dürfen, welche Grenzen Sie nicht überschreiten sollten sowie welche Bedürfnisse er oder sie haben könnte. Außerdem führt der Blick auf die Schwächen einer Person auch zu ihren Stärken. Wenn Sie den Schwächen entgegenstellen, welche Ressourcen erkennbar sind, welche Tätigkeiten jemand noch ausführen kann, welche Gedankengänge er noch vollziehen kann, an was er Freude hat und so weiter, erhalten Sie ein Gesamtbild seines geistigen, seelischen und körperlichen Zustands.

Für gesunde Menschen kann es schwierig sein, sich das Ausmaß an Einschränkungen vorzustellen, wenn man diese nicht aus eigener Erfahrung kennt. Deswegen ist es sinnvoll, sich sämtliche Bereiche vor Augen zu führen, die betroffen sein können:

Grundbereich Körper

Körperliche Einschränkungen betreffen den Aufbau und die Struktur des Körpers und seiner Organe sowie das Zusammenwirken von Vorgängen in Zellen, Geweben und Organen. Alle den Körper betreffenden Funktionen sind gemeint, vom Stoffwechsel und Hormonhaushalt über das Nervensystem bis hin zum Stütz- und Bewegungsapparat. Bei einer körperlichen, sogenannten physischen Beeinträchtigung sind körperliche Funktionen durch einen Mangel oder eine Fehlbildung eingeschränkt. Das Gehirn, das Rückenmark, das Muskel- und Skelettsystem oder innere Organe können geschädigt sein. Ebenso ist das Fehlen eines Körperteils oder die Lähmung eines Körperteils eine körperliche Einschränkung. Zu den Sinneseinschränkungen zählen Beeinträchtigungen des Sehvermögens, des Gehörs, des Geschmacks-, des Geruchs- oder des Tastsinns. Verbunden mit einer körperlichen Einschränkung ist in vielen Fällen eine eingeschränkte Beweglichkeit oder Mobilität.

Grundbereich Geist

Geistige Einschränkungen betreffen das Wahrnehmen, Verstehen, Erinnern, Erkennen und der Einsatz von Sprache bzw. die Verarbeitung und Nutzung von Informationen. Sogenannte kognitive Fähigkeiten sind Leistungen des Gehirns, das Sinnesreize verarbeitet und auswertet, woraus Gedächtnisinhalte entstehen. Mit diesem Wissen ist der Mensch in der Lage, Vergangenheit und Zukunft zu verknüpfen, Situationen zu bewerten und Schlussfolgerungen für das eigene Handeln zu ziehen. Bei einer kognitiven Störung ist die geistige Leistungsfähigkeit gemindert, Vergesslichkeit, Lernschwierigkeiten und mangelnde Konzentrationsfähigkeit treten auf. Die Verarbeitung und Auswertung von Informationen ist gestört.

Grundbereich Seele

Seelische Erkrankungen betreffen das Seelen- oder Innenleben eines Menschen, also das Erleben, Denken und Fühlen, welches unsere Handlungen bestimmt. Als sogenannte psychische Störung bezeichnet man deutliche Auffälligkeiten des Erlebens und Verhaltens, die sich dann als Störungen der Wahrnehmung, der Denkprozesse, des Handelns und der Gefühle zeigen können. Bei psychischen Erkrankungen bilden sich also Bewusstseins-, Orientierungs- oder Aufmerksamkeitsstörungen aus. Weitere Symptome sind:

- Gedächtnis-, Intelligenz- und Denkstörungen
- Wahnvorstellungen, Wahrnehmungs- und Ich-Störungen
- Stimmungs- und Antriebsstörungen
- Angst- und Zwangsstörungen

Körperliche Veränderungen im Seniorenalter

Krankheiten kommen in jeder Altersgruppe vor, doch lassen sich markante Unterschiede im Gegensatz zu jungen Menschen feststellen. Spezielle Erkrankungen und Symptome kommen also durchschnittlich häufiger im Seniorenalter als in anderen Lebensstadien vor.

Der Körper des Menschen verändert sich fortwährend, im Alter ist dieser Prozess gekennzeichnet durch eine abnehmende Leistungsfähigkeit und einen sinkenden Grundumsatz des Energiestoffwechsels. Die Haut verliert an Elastizität und Festigkeit, Zellen erneuern sich langsamer. Muskelgewebe wird abgebaut, Binde- und Fettgewebe in Muskeln eingebaut. Die Festigkeit der Knochen wird geringer, Knorpelgewebe verliert an Elastizität und Substanz. Die Lunge verliert an Elastizität und die Fläche der Verzweigungen in den Bronchien nimmt ab. Auch die Muskelmasse im Herz nimmt ab während Fett- und Bindegewebe im Herz eingelagert wird. Die Aktivität des Immunsystems sinkt, hormonelle Steuerungsvorgänge werden fehleranfällig. Seh-, Hör-, Geschmacks- und Geruchsfähigkeit nehmen ab. Veränderungen im Gehirn und an den Nervenzellen finden statt, die Gehirnmasse nimmt ebenso leicht ab.

TEILNEHMER GUT KENNEN

Je besser Sie Teilnehmer kennen, desto einfacher gelingt es, Zustand und Bedarf zu ermitteln. Für Gruppenaktivitäten ist eine gemeinsame Basis wichtig, die einen Personenkreis eint und ähnliche Interessen und Bedürfnisse erkennen lässt. Für die Einzelbetreuung lassen sich maßgeschneiderte Angebote erstellen, wenn Sie sich mit Problemen und Ressourcen auseinandersetzen.

2.2 Konzepterstellung

Sammeln Sie Leitsätze und Prinzipien, auf die Sie Ihr weiteres Vorgehen gründen und die Schlussfolgerungen zur Auswahl von Angeboten und Aktivitäten zulassen.

- Welchen Gewinn sollen Beteiligte aus dem Prozess ziehen?
- Welches Tätigkeitsfeld kommt Teilnehmern am meisten zu Gute?
- Unter welchem Motto soll die Begegnungsrunde stehen?

Bedeutung künstlerischen Tuns

Basteln und Werken sind Hobbytätigkeiten. Sie bestehen aus dem spielerischen Ausüben verschiedener Handwerksdisziplinen bzw. der handwerklichen Bearbeitung von Material. In der Kunst wird mit verschiedenen Materialien schöpferisch gestaltet.

Dem handwerklich oder künstlerisch Schaffenden wird ermöglicht, eigene Empfindungen und Ideen praktisch und kreativ umzusetzen. Die Individualität und Persönlichkeit eines Menschen wird bestärkt und unterstützt, indem während des Schaffensprozesses Raum für eigene Entscheidungen und zur Verwirklichung des eigenen kreativen Potentials geschaffen wird. Der eigene Stil ist bei Beobachtung der Arbeitsweise und bei Betrachtung des Werks deutlich zu sehen. Jedes Werk hat dann seine individuelle Note, kein Werk gleicht haargenau dem anderen. Meist sind Beteiligte stolz auf ihr Werk. Im besten Falle nimmt der Künstler diese Kreativität mit in den Alltag und traut sich selbst etwas zu bzw. traut sich, Neues auszuprobieren.

Bei Gemeinschaftswerken entsteht etwas Verbindendes, zu dem jeder Künstler etwas Eigenes beigetragen hat. Das »Wir« gewinnt.

Kreativangebote, insbesondere grobmotorische gestalterische Tätigkeiten, bieten vielen Demenzkranken einen Weg, durch Farben und Formen mit der Außenwelt zu kommunizieren und Gefühle und Empfindungen losgelöst von Sprache auszudrücken.

- Fingergeschick – Sorgfalt
- Konzentration – Ausdauer
- Fantasie – Kreativität – Ästhetik
- Ausdruck eigener Empfindungen und Gefühle
- Wahrnehmung von Materialien, Farben, Formen und Proportionen

- Abläufe nachvollziehen – Probleme lösen
- Entspannung – Stressabbau

Ein Ziel definieren

Ziele weisen uns eine Richtung für Veränderungen. Wenn wir ein Ziel haben, können wir uns überlegen, auf welchem Wege wir dort hingelangen. Was wir dazu brauchen und was wir dafür tun müssen. Wir können einzelne Schritte formulieren und Korrekturen vornehmen, wenn wir von unserem Weg abkommen. Mit einem Ziel vor Augen wachsen unsere Kraft und unser Durchhaltevermögen. Wenn wir es erreicht haben, können wir stolz auf uns sein.

Für die Seniorenarbeit spiegelt das Festlegen eines Konzeptes und Ziels die gleichen Aspekte wieder. Sie zeigen auf, welchen Weg wir mit Betroffenen einschlagen, auf welche Art und Weise wir diesen Weg gemeinsam gehen, was wir und Beteiligte dazu brauchen und welche Bedingungen dazu nötig sind.

Legen Sie fest, was Sie mit Ihrem Angebot erreichen möchten, bevor Sie die Begegnungsrunde mit Inhalten füllen. Dabei geht es aber nicht darum, dass Teilnehmer Leistungen erbringen sollen, sondern um Begegnungen zur Steigerung des Wohlbefindens.

Konzept *LEBENSAUFGABEN*
Ziel: Bei der Bewältigung von Lebensaufgaben unterstützen und in schwierigen Situationen begleiten.
Angebot: Künstlerische Aktionen, bei denen das momentane Lebensgefühl ausgedrückt wird, in Verbindung mit Gesprächen, bei denen Verständnis für die aktuelle Situation vermittelt wird und Maßnahmen zur Verbesserung der Situation erörtert werden → Achtung: Schutzraum z. B. geschlossener Raum, empathische Teilnehmer bei Gruppenaktivitäten

Konzept *GESUNDERHALTUNG*
Ziel: Abbauprozessen entgegenwirken und Zustände verbessern.
Angebot: Künstlerische Aktivitäten, bei denen Kompetenzen zum Tragen kommen und die Sach- und Fachwissen einbeziehen

Konzept *ALLTAGSBEWÄLTIGUNG*
Ziel: Den Alltag angemessen gestalten und den Alltag gemeinsam meistern.
Angebot: Künstlerische Aktivitäten, durch die Hobbies weitergeführt werden können

Konzept *RELIGION*
Ziel: Möglichkeiten zur Entfaltung der persönlichen Spiritualität und Religiosität schaffen.
Angebot: Künstlerische Aktivitäten, die spirituelle oder religiöse Gesichtspunkte einbeziehen

Konzept *UMFELDGESTALTUNG*
Ziel: Den Lebensraum/Das Umfeld und Kontakte zu Mitarbeitern zum Wohle der dort Lebenden/der Besucher bewusst gestalten.
Angebot: Künstlerische Aktivitäten zur Gestaltung von Räumlichkeiten und Gartenanlagen

Konzept *KOOPERATION*
Ziel: Soziale Kontakte zu Außenstehenden bieten und Höhepunkte im Jahreslauf schaffen.
Angebot: Künstlerische Aktivitäten mit Vereinen und anderen Gruppen

2.3 Ideensammlung

Treffen Sie eine spontane erste Vorauswahl an möglichen Aktivitäten, bei denen der Schwerpunkt als roter Faden erkennbar ist. Suchen Sie innerhalb des Schwerpunktes diejenigen Aktivitäten aus, die zu den Beteiligten passen könnten.

- Welche Programmpunkte und Aktionen würden Teilnehmer ansprechen und positiv stimmen?
- Welche würden eine Weiterentwicklung fördern ohne zu überfordern?

Ideenpool

Beim Brainstorming werden zunächst alle Ideen gesammelt ohne zu bewerten. Besonders im Team entstehen daraus oft kreative und neuartige Vorschläge, die Sie selbst nicht in Erwägung gezogen hätten und festgefahrene Denkmuster durchbrechen. Dies können auch ungewöhnliche oder ausgefallene Einfälle sein.

Beispiele: Religion

Filzen zu religiöser Musik – Psalmen malen – Stillleben gestalten mit sakralen Gegenständen

Beispiele: Kooperation

Ausflug in ein Kunstmuseum mit ehrenamtlichen Mitarbeitern – Einladen von Kindergartenkindern zum gemeinsamen Gestalten einer Tastwand – Malkurs in Zusammenarbeit mit einem Träger der Erwachsenenbildung – Vernissage mit Bildern der Senioren

Vorauswahl

Nehmen Sie dann ihre Liste zur Hand und streichen Sie diejenigen Angebote und Aktivitäten, die bei genauerer Betrachtung nicht realisiert werden können. Die Entscheidungsfindung ist dabei an bestimmte Bedingungen oder Merkmale geknüpft, die erfüllt werden müssen. Vorschläge, die diese Kriterien nicht erfüllen, scheiden aus. Deshalb müssen an dieser Stelle aufgrund der Teilnehmeranalyse Kompetenzen aller Beteiligten genauer betrachtet werden. Begabungen und Eigenschaften zur Bewältigung von Aufgaben und Anforderungen sind untrennbar mit dem körperlichen, geistigen und seelischen Zustand einer Person verbunden. Bestimmte Tätigkeiten und Denkabläufe kommen nur aufgrund bestimmter Fähigkeiten zustande und bestimmte Handlungen und Gedankengänge können nur unter bestimmten körperlichen und geistigen Voraussetzungen geleistet werden. Manche Angebote und Aktivitäten passen also nicht zu ihrer Zielgruppe und können im Voraus ausgeschlossen werden. Fragestellungen sind z. B.:

- Kommt das Stempeln und Drucken ihren Talenten zu Gute? Arbeitet sie gerne mit Papier? Hat sie am Malen und Zeichnen Spaß? Entspricht das plastische Arbeiten ihrem Naturell? Oder geht sie am liebsten mit Naturmaterialien um?
- Wieviel Unterstützung und Anleitung braucht sie aufgrund motorischer und geistiger Beeinträchtigungen? Ist präzises Arbeiten ihre Stärke? Oder braucht sie Freiraum?
- Ist sie sehbeeinträchtigt? Ist sie Rechts- oder Linkshänderin? Kann sie mit einer Schere gut umgehen? Ist das Malen mit einem Pinsel, einem Holzstab, einem Stift oder mit den Fingern sinnvoll?

AUFBAU DIESES BUCHES

Der Aufbau dieses Buches enthält bereits eine Sortierung nach Schwierigkeitsgraden, so dass Sie bei der Vorbereitung anhand dieses Buches gezielt auf einzelne Kapitel zurückgreifen können:

EINFACH SCHÖNES ERSCHAFFEN

Unter diesem Stichwort versammeln sich Zufallstechniken und gestalterische Tätigkeiten mit geringem Schwierigkeitsgrad. Sie sind ein wunderbares Mittel zur Betreuung von Menschen mit starken körperlichen oder geistigen Beeinträchtigungen.

Beispiele: Beeinträchtigungen

Eingeengtes Gesichtsfeld, schlechte Farbwahrnehmung, geringe Hautsensibilität, Störung des Sprachverstehens, Schmerzen beim Bewegen bestimmter Körperteile, verminderte Koordinationsfähigkeit bei beidhändigen Bewegungen, starkes Zittern der Hand,

fehlende Muskelkraft beim Greifen von Gegenständen, reduziertes Aufnahmetempo in Bezug auf das Verarbeiten von Informationen, verminderte Leistungsfähigkeit in Bezug auf das Kurzzeitgedächtnis, eingeschränkte sprachliche Ausdrucksfähigkeit, erhöhte Störanfälligkeit bei Ablenkung und Irritation

KÜNSTLERISCH GESTALTEN

Vor allem Menschen mit einem reichen Ideenschatz oder mit Erfahrung im Bereich des künstlerischen Tuns sind von Angeboten in diesem Bereich begeistert.

MUSIK INTERPRETIEREN

Ob Beteiligte in diese Form des künstlerischen Ausdrucks eingebunden werden können, hängt ab von dessen Persönlichkeit und dessen Zugang zu Musik. Eine allgemeingültige Einschätzung kann an dieser Stelle nicht gegeben werden, prüfen Sie im Einzelfall.

BASTELN

Besonders fitte Teilnehmer mit feinmotorischen Kompetenzen freuen sich über Bastelangebote. Ebenso Personen, die durch Anschauungsobjekte und Vorlagen und das Nachahmen dieser Objekte Sicherheit finden.

TEXTE MALEN

Der künstlerische Transfer von Erlebnissen mit einem Medium in ein anderes Medium – also in diesem Fall von einem Text in eine visuelle Gestaltung – verlangt ein hohes Maß an Kompetenzen in verschiedenen Bereichen (Körper, Geist, Seele) und stellt für pflegebedürftige Menschen quasi die Königsdisziplin des künstlerischen Schaffens dar.

2.4 Konkretisierung

Erstellen Sie einen Entwurf für die Umsetzung ihrer Vorstellungen und theoretischen Überlegungen in die Praxis. Überlegen Sie, auf welche Art und Weise Sie die Begegnungsrunde umsetzen. Legen Sie Rahmenbedingungen fest und wählen Sie für Einzelne Alternativen aus, welche diesen die Beteiligung am Geschehen erleichtern.

- Welche Methoden und Kommunikationsformen sind angemessen?
- Welche Hilfestellungen für einzelne Personen sind nötig und erleichtern die aktive Teilnahme?
- Welche Vorbereitungen müssen getroffen werden?

Methoden

Eine Methode beschreibt ein systematisches und planmäßiges Verfahren nach Regeln und bestimmt das spätere Vorgehen. Methoden beschreiben also, auf welche Art und Weise Sie ihr Programm in die Tat umsetzen. Methoden können im Laufe der Begegnungsrunde wechseln. Je nach den Fähigkeiten Beteiligter eignen sich einzelne Methoden für den Einsatz in der Begegnungsrunde während andere wiederum nicht in Betracht kommen, da bestimmte Voraussetzungen dazu fehlen (Körper, Geist, Seele).

Freies Gestalten

Werkstoffe werden zur Verfügung gestellt und nach eigenen momentanen Wünschen und Ideen gestaltet.

Gestalten mit einem Motto

Werkstoffe werden zur Verfügung gestellt, jedoch steht die Schaffensphase unter einem Thema. Gestaltet wird dann aufgrund eigener Vorstellungen oder aufgrund von Wahlmöglichkeiten.

Beispiele: Motto

Malen eines Sonnenuntergangs – freies Gestalten
Tonen eines Baumes – freies Gestalten
Basteln eines Windrades – Wahlmöglichkeiten: Farben der Materialien

Werke nachgestalten

Eine Vorlage wird zur Verfügung gestellt. Die herzustellende Kopie darf selbstverständlich eine eigene individuelle Note aufweisen.

Beispiele: Nachgestalten

Gegenstände zum Malen eines Stilllebens werden auf dem Tisch ansprechend drapiert und das Motiv zu Papier gebracht.

Die Teilnehmer suchen sich aus mehreren Exemplaren einen Kunstdruck aus, auf dem ein See dargestellt ist. Sie erhalten jeweils entsprechende Farben und Pinsel, um das Motiv selbst zu Papier zu bringen.

Interessierte erhalten als Vorlage einen Ausdruck eines Bildes, das aus geometrischen Figuren besteht. Ihnen werden aus Papier ausgeschnittene Grundformen zur Verfügung gestellt, die sie auf Tonpapier arrangieren und kleben.

Die Betreuungskraft bringt ein Herz aus Speckstein mit, das von Beteiligten in beliebiger Größe nachgestaltet wird.

Beim Drucken sollen Reihen mit Kreisen auf Papier gebracht werden, ein Muster liegt bereit. Gäste wählen Farbtöne beim Drucken selbst.

NACHGESTALTEN

Viele Menschen können sich auf das Nachgestalten von abstrakten Bildern einlassen. Bekannte abstrakte Künstler sind unter anderem Vincent van Gogh, Wassily Kandinsky, Alexej von Jawlensky, Emil Nolde, Paul Klee, Franz Marc, August Macke.

An Werken weiterarbeiten

Ein unvollendetes Objekt lädt zum individuellen Weiterarbeiten und Weitergestalten ein.

Beispiele: Weiterarbeiten

Auf großformatigem Papier wird eine vergrößerte Kopie einer Postkarte aufgeklebt. Die weiße Fläche wird so gestaltet, dass das Motiv auf der Postkarte mit denselben Gestaltungsmitteln ergänzt wird und eine Einheit entsteht.

Zweige in einer Vase werden in die Tischmitte gestellt. Gäste dekorieren die Zweige mit Bändern und Anhängern.

WEITERARBEITEN

Viele Menschen können sich auf das Weitergestalten von abstrakten Bildern einlassen (s. oben).

Die Betreuungskraft formt eine Kugel aus Zeitungspapier, welche der Teilnehmerin zur Weiterbearbeitung zur Verfügung gestellt wird. Sie kann die Kugel dann mit Pappmaché weitergestalten und entscheidet sich für ein Tier.

Eine Studie erstellen

Dieselbe gestalterische Tätigkeit wird in Abständen wiederholt angeboten. Dabei sind Veränderungen in Bezug auf den künstlerischen Ausdruck zu beobachten. In einem Einzelgespräch können die Werke verglichen werden.

Beispiele: Studie

Ein Teilnehmer malt einen Waldweg umrahmt von Bäumen. Das erste Bild ist in dunklen Farbtönen gehalten wie Schwarz und Braun. Ein paar Wochen später wird er dazu angeregt, dasselbe Motiv nochmals zu malen. Nun verwendet er hellere Farbtöne wie Grün und Orange.

Ein Bewohner zeichnet eine Stadtlandschaft. Auf dem ersten Bild stehen die Häuser eng beieinander, dicht gedrängt. In der nächsten Kunststunde soll er dasselbe Bild nochmals gestalten. Beim zweiten Bild sind die Häuser luftig mit Abstand voneinander gezeichnet.

Eine Person arbeitet mit Ton an einer Schale, dabei entsteht ein kleines einfach gehaltenes Objekt. Die nächste Schale hat eine ausladende verzierte Form.

Gemeinschaftswerke gestalten: gemeinsam

Der Werkstoff wird gemeinsam zur selben Zeit bearbeitet. Geeignet für das künstlerische Tun mit zwei Teilnehmern oder mit Kleingruppen. Beteiligte müssen kooperativ und teamfähig sein.

Beispiele: Gemeinschaftswerke zusammen bearbeiten

Eine großformatige Leinwand liegt in der Tischmitte. Gemeinsam wird die Leinwand nach dem Motto »Im Sommer« farblich gestaltet.

Drei Gruppenmitglieder bestempeln gemeinsam eine Tischdecke für den Gemeinschaftsraum mit einem Ornament in Form eines Figurenbandes. Sie haben das Muster zusammen ausgewählt.

Gemeinschaftswerke gestalten: in Teilen

Jeder Teilnehmer schafft einen Teil des Ganzen und die Teile werden am Schluss zusammengefügt. Geeignet für das Arbeiten mit zwei Teilnehmern oder mit Kleingruppen. Gruppenmitglieder müssen sich damit arrangieren können, dass ihr Werk der Gemeinschaft zur Verfügung gestellt wird.

Beispiele: Gemeinschaftswerke in Teilen bearbeiten

Jedes Gruppenmitglied erhält eine kleinformatige Leinwand und beklebt diese mit Naturmaterialien. Sie können dabei aus unterschiedlichen Materialien nach Belieben wählen. Die Bilder werden dann an der Wand als Ganzes präsentiert.

Zwei Gäste stellen Blumen aus Filz her. Einer bastelt Blumen mit roten Blüten und der andere Blumen mit gelben Blüten. Zum Schluss wird für beide ein bunter Strauß gebunden.

Gemeinschaftswerke gestalten: nacheinander

Ein Werkstoff wird nacheinander von verschiedenen Teilnehmern bearbeitet. Der Werkstoff wird nach einer bestimmten Zeitspanne an den Nächsten weitergegeben. Geeignet für das Gestalten mit zwei oder drei Personen. Teilnehmer müssen sich darauf einlassen können, dass ihr Werk nicht von Bestand ist.

Beispiele: Gemeinschaftswerke nacheinander bearbeiten

Eine großformatige Leinwand liegt in der Tischmitte und ein gemeinsames Motto ist festgelegt: eine Berglandschaft soll entstehen. Zuerst gestaltet Teilnehmer 1 die Leinwand, nach zehn Minuten Teilnehmer 2 und nach weiteren zehn Minuten Teilnehmer 3. Nach einer halben Stunde ist die Arbeit an der Leinwand abgeschlossen.

Zeitgleich formen zwei Personen ein Tonobjekt ohne Vorgaben. Nach 15 Minuten wird das eigene Objekt mit dem des Gegenübers getauscht. Dadurch entsteht ein Fantasiegebilde und ein Tier.

Kleingruppe

Drei bis sechs Teilnehmer nehmen an der Aktivität teil.

Projekt

Gemeinsame Arbeit an einem bestimmten Schwerpunkt oder Thema über einen bestimmten begrenzten Zeitraum. Gruppen werden speziell für dieses Projekt gebildet.

Halboffene Gruppe

Die grundsätzliche Zusammensetzung von Teilnehmern bleibt erhalten, aber frei werdende Plätze werden mit neuen Teilnehmern besetzt.

Geschlossene Gruppe

Die Zusammensetzung der Teilnehmer bleibt gleich. Frei werdende Plätze werden nicht mit neuen Teilnehmern besetzt.

Hilfestellungen

Unter Hilfestellungen ist zum einen der Umgang des Gruppenleiters mit Beteiligten zu verstehen. Der Gruppenleiter bietet verbale oder praktische Hilfen an, die dem Teilnehmer dazu verhelfen, aktiv zu werden. Andererseits bieten Hilfsmittel Möglichkeiten zur aktiven Teilnahme, also Gegenstände und Materialien. Diese besitzen Eigenschaften, die unterstützend und ausgleichend in Hinsicht auf Beeinträchtigungen und Schwächen wirken. Je nach Fähigkeiten und Kenntnissen von Beteiligten ist das Einbinden bestimmter Alternativen für Einzelne im Gesamtverlauf notwendig.

Hörbeeinträchtigte Personen	Visuelle Impulse z. B. Bewegungsvorbild, Piktogramm, Wortkarte Arbeitsschritte in Einzelschritten erklären Bewegungsführung anbieten → bei gesunden Körperteilen Sitzplatz neben der Betreuungskraft
Sehbeeinträchtige Personen	Bewegungen aus dem Alltag einbinden und entsprechend beschreiben Akustische Impulse z. B. Klang, sprachlicher Hinweis Arbeitsschritte nacheinander mittels kurzer Anweisungen und Signalwörter erklären Fotos, Abbildungen und Wortkarten großformatig wählen Bewegungsführung anbieten → bei gesunden Körperteilen Sitzplatz neben der Betreuungskraft
Personen mit kognitiven Störungen	Klare Strukturen, Bezugspersonen Impulse, die durch die Wahrnehmung über das gesprochene Wort hinauswirken Bewegungen aus dem Alltag einbinden und entsprechend beschreiben Arbeitsschritte schrittweise erklären Bogen von Leichtem zu Schwererem, von Bekanntem zu Unbekannten, vom Gemeinsamen zum Individuellen
Personen mit Bewegungseinschränkungen	Variationsmöglichkeiten in der Ausführung von Bewegungen und Arbeitsschritten, Möglichkeiten zum Einsetzen gesunder Körperteile Gut greifbare Hilfsmittel, Arbeitsmittel, Werkzeuge Betreuungskraft: Sitzplatz neben der in der Funktion am meisten beeinträchtigten Körperseite

Organisation

Eine sorgfältige Vorbereitung und Planung, also die gedankliche Vorwegnahme von Handlungsschritten und die rechtzeitige Beschaffung von Material, begünstigt einen reibungsfreien und harmonischen Ablauf der Begegnungsrunde und lässt Sie selbstsicher auftreten. Eine schlechte Planung hingegen begünstigt das Auftreten von Situationen, die den Verlauf der Begegnungsrunde negativ beeinflussen und Sie immer wieder unter Druck setzen können. Folgende Fragestellungen sind bei der Planung hilfreich:

- Wie hoch ist das Risiko von Störeinflüssen? Welche Räumlichkeit oder welcher Ort ist für das Treffen am besten geeignet aufgrund des geplanten Programms und aufgrund von seelischen Zuständen von Teilnehmern? Separater Raum, Gemeinschaftsbereich, Außenbereich? Welche Ausstattung wird benötigt? Z. B. technische Geräte? Welche Gefahrenquellen müssen minimiert werden? Welche Materialien und Gegenstände werden gebraucht und wie viele?
- Zu welchem Zeitpunkt soll die Begegnungsrunde im Tagesverlauf stattfinden? Wie lange soll das Treffen dauern?
- Wie lade ich ein? Persönlich, Einladungskarte, Teilnehmerliste, Plakat? Wann lade ich ein? Kurzfristig oder eine bestimmte Zeitspanne im Voraus?
- Welche Sitzform wähle ich aus? Stirnkreis, Halbkreis, Grüppchen? An Tischen? Welchen Sitzplatz weise ich einzelnen Teilnehmern zu?
- Welche Vorbereitungen müssen getroffen werden? Sowohl im Voraus als auch kurzfristig. Wie viele Mitarbeiter werden zur Gestaltung der Begegnungsrunde gebraucht? Was muss nach der Begegnungsrunde erledigt werden? Wer hat welche Aufgaben?
- Müssen Dritte über das Geplante informiert werden wie Kostenträger, Angehörige, Pflegekräfte?

Wichtige Aspekte beim Basteln und Gestalten

Sie brauchen einen Ort ohne »Durchgangsverkehr«, der einen gewissen Grad an Ruhe und Entspannung zulässt und über gute Lichtverhältnisse verfügt. Fenster sollten in geschlossenen Räumen zum Lüften geöffnet werden können. Jeder Gast benötigt ausreichend Platz auf der Arbeitsfläche – eine Arbeitsfläche kann auch ein Stativ sein. Alle Materialien und Hilfsmittel müssen vollständig vorhanden und zum sofortigen Gebrauch bereitstehen. Achten Sie jedoch darauf, dass Beteiligte nicht durch ein Zuviel an Gegenständen auf der Arbeitsfläche überfordert werden. Manches kann zu Beginn der Aktivität und zwischen einzelnen Arbeitsschritten auch auf einem Beistelltisch platziert werden. Stellen Sie gefährliche Arbeitsgeräte und Werkstoffe wie einen elektrischen Bohrer oder Klebstoffe mit hohem Lösungsmittelanteil gesichert außerhalb der direkten Reichweite der Teilnehmer bereit.

AUSWASCHWASSER, FORMAT, OPEN-AIR-ARBEITEN

Färben Sie Auswaschwasser für Pinsel oder Ähnliches in Einmachgläsern blau oder grün ein, so dass Demenzkranke und verwirrte Personen das Wasser nicht versehentlich trinken.

Wählen Sie Papier zum Malen großformatig aus. DIN A4 ist in der Regel nicht ausreichend.

Arbeiten Sie mit Sprühdosen im Freien oder legen Sie das Werk in eine große Schachtel, die oben geöffnet ist.

Auch im Garten oder Außenbereich der Einrichtung können künstlerische Angebote stattfinden.

Kommunikation

Unter dem Begriff Kommunikation sind die Verständigung zwischen Menschen und der Austausch von Informationen durch Sprache, Zeichen oder Signale zu verstehen. Wie Sie als Fachkraft oder ehrenamtlicher Mitarbeiter auf Beteiligte zugehen, wie Sie durch das Programm leiten und wie Sie das Geschehen in einer Gruppe lenken, beeinflusst maßgeblich die Grundstimmung während der Begegnungsrunde.

Konsequenzen für den Umgang mit Teilnehmern basierend auf dem Sender-Empfänger-Prinzip

Eine Information wird von einem »Sender« vermittelt, der diese an den »Empfänger« weitergibt. Der »Sender« schickt also eine Nachricht an den »Empfänger«. Dies erfolgt zum einen durch Sprache und zum anderen durch Körpersignale. Wie der »Empfänger« auf diese Nachricht reagiert, hängt davon ab, auf welcher Ebene er zu einer Einschätzung der Nachricht kommt. Unterschieden wird zwischen:

- der Schilderung eines Sachverhalts = Worüber informiert der Sender
- der Selbstkundgabe = Was berichtet der Sender über sich selbst
- der Aussage über die Beziehung = Was halten wir voneinander, Wie stehen wir zueinander
- einem Appell = Wozu möchte der Sender veranlassen

Beispiele: Informationen verarbeiten

Sender: »Sie sehen heute aber gut aus!«

- Der Empfänger interpretiert auf der Sachebene: Ein Kompliment, Danke. Reaktion: Positiv
- Der Empfänger interpretiert auf der Ebene der Selbstkundgabe: Sie möchte einen Tipp. Reaktion: Positiv
- Der Empfänger interpretiert auf der Beziehungsebene: Sie findet mich nett und möchte mit mir plaudern. Reaktion: Positiv
- Der Empfänger interpretiert auf der Ebene eines Appells: Ich soll mich in Zukunft eleganter kleiden. Reaktion: Negativ

Sender: »Die Butter ist hart.«

- Der Empfänger interpretiert auf der Sachebene: Er hat harte Butter zum Frühstück. Reaktion: Neutral
- Der Empfänger interpretiert auf der Selbstkundgabe: Er mag keine harte Butter zum Frühstück. Reaktion: Neutral
- Der Empfänger interpretiert auf der Beziehungsebene: Nicht einmal weiche Butter kann ich auf den Tisch bringen und er kann mich sowieso nicht leiden. Reaktion: Negativ
- Der Empfänger interpretiert auf der Ebene eines Appells: Er möchte weiche Butter haben. Reaktion: Neutral

Versuchen Sie so oft wie möglich, aus Mitteilungen etwas Positives zu ziehen oder eine neutrale Haltung gegenüber dem Kommunikationspartner einzunehmen. Hinterfragen Sie sich, ob das Gegenüber wirklich Sie als Person angreift oder ob hinter der Aussage etwas ganz anderes steckt. Besonders kranke und beeinträchtigte Menschen sind z. B. aufgrund von Schmerzzuständen schnell dabei, eine unüberlegte Aussage zu treffen.

Konsequenzen für den Umgang mit demenzkranken Teilnehmern basierend auf deren Krankheitsbild

Demenzkranke und Personen mit ähnlicher Symptomatik reagieren auf der Gefühlsebene und nicht auf der Verstandesebene. Ein sorgsamer Umgang und verlässliches

Auftreten sind deshalb unabdingbar. Sie sind »Reiseführer« und »Richtungsweiser« auf dem Lebensweg.

- Respekt als Grundhaltung im eigenen Tun aufweisen und soweit möglich Hilfe zur Selbsthilfe leisten
- Personen von vorne in Augenhöhe ansprechen und die Ansprache gegebenenfalls mit einer kurzen Berührung an der Schulter oder der Hand verbinden
- Deutlich, in angemessenem Tempo und in angemessener Lautstärke sprechen
- Bei Wortfindungsstörungen das fehlende Wort anbieten, einen Lückenfüller (z. B. »das«) einsetzen oder das Gemeinte zeigen lassen
- Kurze und prägnante Sätze verwenden anstatt Schachtelsätzen und ausufernden Formulierungen, nicht mehrere Aussagen aneinanderreihen
- Geschlossene Fragen und alternative Fragen einsetzen
- Gesagtes auch mal stehen lassen ohne Diskussion, Widerspruch, Belehrung oder Korrektur; bei nicht sofort nachvollziehbaren Handlungen des Gegenübers keine abwertende Reaktion zeigen wie missbilligendes Kopfschütteln; Alltagssituationen auch mal mit Humor bewältigen jedoch ohne Ironie
- Anhaltenden Störungen den Vorrang geben z. B. Rufen, Klopfen, Weinen
- Große Veränderungen in kleinen Schritten umsetzen und Veränderungen mit positiven Impulsen verbinden
- Sicherheitsaspekte beachten, Risiken minimieren

Wichtige Aspekte beim Basteln und Gestalten

Oft sind wir dazu geneigt, das Tun bei Menschen im Laufe des Angebots einfach ungefragt zu übernehmen. Lassen Sie Teilnehmer so viel wie möglich selbst erledigen. Ausnahmen bilden Arbeitsschritte mit einem scharfen Messer, einem Bügeleisen, einer Heißklebepistole, einer Bohrmaschine oder ähnlichem, die ein hohes Verletzungsrisiko darstellen. Mit dem Übernehmen kleiner Aufgaben wie dem Festhalten, Festdrücken oder Auflegen von Material können Sie Personen mit ausgeprägten Symptomen oft einbeziehen.

Weisen Sie Beteiligte in Bezug auf den künstlerischen Ausdruck nicht zurecht. Das Tun steht im Mittelpunkt – wichtig ist nicht das Ergebnis, sondern das Aktivsein an sich. Bieten Sie gegebenenfalls ihre Hilfe an, überlassen Sie es aber Teilnehmern, was sie letztendlich aus dem Werkstoff oder Material gestalten, solange keine gefährdenden Situationen entstehen.

Betrachten Sie zum Schluss nochmals gemeinsam das Geschaffene und setzen Sie die Werke in Szene. Beispielsweise indem sie auf Papier Gemaltes ansprechend und mittig auf ein anderes größeres, farbiges Papier kleben, so dass ein Rahmen entsteht. Oder indem Sie plastische Werke auf einem schönen Tuch zum Betrachten präsentieren. Loben Sie Werke und bewerten Sie Werke nicht negativ, denn hier gibt es kein Richtig oder Falsch.

Würdige Präsentation einer Papierzeichnung durch Anbringung auf einem größeren Papier

2.5 Ablauf

Der Ablauf einer schwerpunktorientierten Begegnungsrunde gliedert sich in drei Phasen. Der Hauptteil wird umrahmt von begleitenden Elementen, die aus Ihrer Begegnungsrunde im wahrsten Sinne des Wortes eine runde Sache machen und der ganzheitlichen Betrachtung eines Menschen gerecht werden.

Begrüßung und Einstimmung

Beteiligten muss ausreichend Zeit zugesprochen werden, um sich in die aktuelle Situation einzufinden. Vor allem sollen sie sich willkommen fühlen. Nach der Begrüßung der Teilnehmer folgt die Einstimmung auf die Begegnungsrunde mit einer Aktion, die einen Startpunkt setzt.

Beispiele: Teilnehmer begrüßen

- Begegnungsrunden mit größeren Gruppen: Allgemeine Begrüßung der Beteiligten (z. B. »Ich freue mich, dass Sie alle da sind« oder »Ich heiße Sie herzlich willkommen«). Zur Orientierung können Sie Namensschilder verteilen oder die Namen auf Kreppband schreiben und den Teilnehmern an die Kleidung heften.
- Begegnungsrunden mit kleineren Gruppen: Begrüßung durch persönliche Ansprache und Namensnennung, in der Regel mit dem Nachnamen.
- Begegnungsrunden in der Einzelbetreuung: Persönliche und auf das Gegenüber und Sie abgestimmte Begrüßung.
- Begegnungsrunden in der Einzelbetreuung für Bettlägerige oder Menschen mit starken Beeinträchtigungen: Persönliche Begrüßung gegebenenfalls mit Ansprache durch den Kosenamen, Initialberührung an der Schulter wird empfohlen.

Beispiele: Rituale zur Einstimmung auf die Begegnungsrunde

- Smalltalk
- ein Gedicht, ein Vers oder ein Spruch → über die Jahreszeit oder eine Begegnung

- ein Lied → passend zur Tageszeit oder um gemeinsam in Schwung zu kommen
- ein angenehmes akustisches Signal → z.B. der Ton einer Klangschale oder eine von Ihnen gespielte Melodie auf einem Instrument
- das biblische Wort für den Tag oder ein Kalendervers
- mehrmaliges bewusstes tiefes Ein- und Ausatmen

Beispiele: Lieder zur Einstimmung auf die Begegnungsrunde

- Danke, für diesen guten Morgen
- Lobet den Herren alle, die ihn ehren Strophe 1-3
- Bruder Jakob
- Alle Vögel sind schon da
- Im Frühtau zu Berge
- Brüderchen, komm tanz` mit mir
- Freut euch des Lebens
- Vom Aufgang der Sonne bis zu ihrem Niedergang
- Gut, wieder hier zu sein
- Morning has broken (Cat Stevens) / Schön ist der Morgen (Nana Mouskouri) / Morgenlicht leuchtet
- Hallo, guten Morgen Deutschland (Tom Astor)
- Guten Morgen Sonnenschein (Nana Mouskouri)
- Servus, Gruezi und Hallo (Mario und Margot Hellwig)

Hauptteil

Der Hauptteil gibt dann Freiraum für Ihr eigentliches Vorhaben. Stellen Sie zunächst mit Hilfe eines Impulses vor, um was es heute gehen soll. Angebote und Aktivitäten basierend auf ihrem ausgewählten Schwerpunkt haben danach ihren Platz. Bei allem, was Sie tun, ist der Schwerpunkt der Begegnungsrunde als roter Faden erkennbar.

Halten Sie »Lückenfüller« parat wie Lieder, Kurzgeschichten oder Fingerübungen, die Sie im Notfall einsetzen können, um Wartezeiten zu überbrücken.

Ausklang und Verabschiedung

Teilnehmer werden auf das Ende gemeinsam verbrachten Zeit vorbereitet. Beenden Sie die Begegnungsrunde mit einer Aktion, die einen Schlusspunkt setzt, danach werden Teilnehmer verabschiedet.

Beispiele: Rituale zum Abrunden der Begegnungsrunde

- das gemeinsame Aufräumen von Materialien
- ein Gedicht, ein Vers, ein Zitat oder ein Spruch → über die Jahreszeit oder über Tröstendes zu Abschied und Wiederkehr
- ein Lied → passend zur Tageszeit oder um sich voneinander zu verabschieden → in der Einzelbetreuung: das Lieblingslied des Teilnehmers
- ein angenehmes akustisches Signal → z. B. der Ton einer Klangschale oder eine von Ihnen gespielte Melodie auf einem Instrument
- ein religiöser Text → z. B. eine kurze Andacht, ein Segensspruch, ein Gebet oder das biblische Wort für den Tag
- eine kurze Fantasiereise oder mehrmaliges tiefes Ein- und Ausatmen
- einen Witz oder eine kurze humorvolle Anekdote
- einen Ausblick auf weitere Treffen oder das Fragen nach Wünschen für das nächste Treffen
- ein kurzes Sammeln von Rückmeldungen der Teilnehmer zur Begegnungsrunde (was hat besonders gefallen)

Beispiele: Lieder zum Abrunden der Begegnungsrunde

- Auf Wiedersehn, auf Wiedersehn
- Kein schöner Land
- Nun ade, du mein lieb Heimatland
- S'ist Feierabend
- Im Krug zum grünen Kranze
- Hab' oft im Kreis der Lieben
- Muß i denn zum Städtele hinaus
- Wem Gott will rechte Gunst erweisen
- Wenn es Abend wird (Ernst Mosch)

Material für Einstimmung und Ausklang

- Der Mond ist aufgegangen Strophen 1 und 2
- Weißt du wie viel Sternlein stehen
- Die Gedanken sind frei
- Dass du mich einstimmen lässt
- Lobet den Herren alle, die ihn ehren Strophen 6 und 7
- Vom Aufgang der Sonne bis zu ihrem Niedergang
- Nun danket alle Gott
- Abend wird es im Tal (Heintje)

Beispiele: Teilnehmer verabschieden

- Begegnungsrunden mit größeren Gruppen und mit Kleingruppen: allgemeine Verabschiedung der Beteiligten (z. B. »Danke für ihr Interesse« oder »Ich freue mich auf unser nächstes Treffen«).
- Begegnungsrunden in der Einzelbetreuung: persönliche Verabschiedung.

3. Basteln und Gestalten – Basiswissen

Die wichtigsten Grundlagen und Tipps rund um das Basteln und Gestalten sind in diesem Kapitel zusammengestellt.

3.1 Grundbegriffe

Die folgenden Begrifflichkeiten werden Ihnen in diesem Buch immer wieder begegnen und stellen ein künstlerisches Grundvokabular dar.

Gedeckte Farben

Warme Farben, also Gelb-, Rot- und Brauntöne, sowie dunkle Farben, also Farbtöne mit einem hohen Schwarzanteil, werden als gedeckte Farben bezeichnet.

Leuchtende Farben

Gesättigte, intensive, kräftige, knallige und grelle Farben mit einem geringen Schwarz- oder Weißanteil sind unter dem Begriff »leuchtende Farben« zusammengefasst.

Helle Farben

Kalte Farben, also Blau- und Grüntöne, und kühle Farben, also Farbtöne mit einem hohen Weißanteil wie etwa Pastellfarben und Cremefarben, werden als helle Farben bezeichnet.

Bildhauerei

In der Bildhauerei entstehen dreidimensionale abstrakte oder gegenständliche Plastiken in Kunst und Kunsthandwerk. Das Material mit seinem eigenen Charakter und seinen eigenen Eigenschaften kommt zur Geltung.

Malerei

Beim Malen entsteht ein zweidimensionales Bild, eine bestimmte Darstellung wird auf eine bestimmte Oberfläche gemalt. Beim Malen entstehen wie beim Zeichnen flächige abstrakte oder gegenständliche Werke. Vermalbare Farbe, z. B. Wasser-, Öl- oder Acrylfarbe, wird dann mit einem Pinsel, Spachtel oder einem anderen Werkzeug auf den Untergrund aufgebracht. Bemalt werden können verschiedene Materialien wie Papier, Stein, Ton, Glas, Keramik oder Kunststoff.

Gegenständliche Werke

Die gegenständliche Kunst stellt die Wirklichkeit, also Dinge oder Objekte, entsprechend unserer sinnlichen Wahrnehmung dar. Dargestellt werden können dadurch Landschaften, Situationen, Lebewesen, Gegenstände oder Naturerscheinungen. Menschen, Tiere, Pflanzen, Berge, Gewässer, Gebäude, Gegenstände sind klar erkennbar. Anregungen für Motive erhalten Künstler vor allem aus der Natur, der Literatur oder dem Alltag. Beispiele für gegenständliche Kunstformen sind der Historismus und der Realismus.

Abstrakte Werke

Als abstrakte Kunst wird ein Ordnen oder Komponieren mit Farben, Kontrasten, Linien und geometrischen Formen ohne absichtliche Darstellung von Gegenständen angesehen. Abstrakte Werke stellen Gefühle dar oder vereinen Formen und

Abstraktes Werk von Piet Mondrian, 1921

Abstraktes Werk von Alexej von Jawlensky, um 1919

Farben als Hauptgestaltungsmittel. Objekte wie Menschen, Tiere oder Gegenstände können nur erahnt werden, sind zweckentfremdet dargestellt oder nicht mehr Bildbestandteil. Es entstehen Fantasiegebilde, Farbkompositionen oder Zeichnungen. Beispiele für abstrakte Kunstformen sind der Konstruktivismus, der Dadaismus oder der Expressionismus.

Form

Die Form beschreibt den Umriss oder die äußere Gestalt, also das Erscheinungsbild. Mit der Bedeutung der Form in der Kunst haben sich unterschiedliche Menschen zu unterschiedlichen Zeiten beschäftigt. Während beispielsweise der Expressionismus die Farbgestaltung als Ausdruck von Gefühlen und Empfindungen in den Mittelpunkt stellte, forcierte der analytische Kubismus die Reduzierung eines Objekts auf geometrische Figuren. Doch unabhängig davon, welcher Stellenwert der Form in der Kunstgeschichte zugeschrieben wurde: Jeder Gegenstand und so auch jedes Kunstobjekt hat seine ihm eigene Gestalt. Bei jeder Materialbearbeitung entstehen Konturen (Begrenzungen, Umrisse).

Kubistisches Werk von Kazimir Malevich, 1912

Fläche

Bei der Flächengestaltung entstehen durch bestimmte Techniken zweidimensionale Bilder, Muster, Verzierungen oder Farbflächen. Die Flächengestaltung begegnet Betrachtern bei Werken von Malern, Grafikern (Zeichnern) und Druckern. Aber auch Stiche und Schraffuren dienen der Flächengestaltung. Auf eine Oberfläche wird dann ein Material aufgetragen oder auf einem Untergrund Material entfernt (Ritzen, Gravieren, Prägen). Papier, Leder, Stoff, Putz, Holz oder Metall sind typische Werkstoffe zur Gestaltung von Flächen. Ebenso ist das Herstellen eines Mosaiks, ein aus kleinen Elementen wie kleinen Steinen zusammengesetztes Bild oder Muster, gestalterisches Mittel der Flächengestaltung.

Muster

Muster betonen, gliedern, füllen, rahmen oder dekorieren. Sie definieren gleichbleibende, regelmäßige und wiederholende Strukturen, die nach einem Plan oder Entwurf angeordnet sind. Oft werden Muster als abstrakte und vereinfachte Darstellungen wie auf Stoffen, Bauwerken, Tapeten und Geschirr oder mit symbolischer Funktion wie in der islamischen Kunst eingesetzt. Linien und geometrische Figuren sind unter anderem Gestaltungsmittel. Aber auch gegenständliche Darstellungen wie Blumen, Blätter, Früchte, Menschen, Tiere oder Schriftzeichen können zusammen ein Muster bilden. Mosaike, Ornamente (Verzierungen) und Mandalas stellen weitere durch den Einsatz von Mustern hergestellte Kunstwerke dar.

Bild

Fotografien und künstlerische Darstellungen, die auf einen Träger aus Leinwand, Papier, Holz, Glas, Metall oder Ähnlichem mit Farbstoff aufgebracht sind, fasst man gemeinhin unter dem Begriff Bilder zusammen. Sie dienen der Wiedergabe der Wirklichkeit oder der Wiedergabe von Gedanken und Gefühlen. Gemälde sind Werke aus dem Bereich der Malerei. Hier wird der Farbstoff vor dem Auftragen gemischt. Zeichnungen werden mit Stiften oder Kreiden und Werkzeugen hergestellt.

Plastik

Das plastische Gestalten begegnet uns in der Bildhauerei und der Architektur. Eine Plastik bezeichnet ein dreidimensionales Gebilde und körperhaftes Objekt. Eine Plastik entsteht durch das Modellieren und Bearbeiten des Materials. Durch das Auftragen, Formen, Schneiden, Schnitzen, Hauen, Meißeln oder Gießen des Werkstoffs. Als Werkstoffe dienen vor allem Wachs, Ton, Holz, Stein, Metall, Glas, Gips, Beton. Unterschieden wird in Bezug auf den Grad der plastischen Ausformung des Werks. Eine Freiplastik kann von allen Seiten her betrachtet werden, während bei einem Relief ein Untergrund mit Erhebungen versehen ist.

Motiv

Ein Motiv ist ein das Kunstwerk prägender thematischer oder inhaltlicher Bestandteil. Ein Bildelement wird zu einem Motiv, wenn es aufgrund seiner Gestaltung eine besondere, hervorgehobene Bedeutung erhält – z. B. weil es an zentraler oder auffälliger Position im Bild angeordnet ist. Unter anderem werden folgende Themenkreise unterschieden: Kompositionen von Farben, Kompositionen von Formen, Portrait, Personengruppe, Akt, Stillleben, Landschaft, Naturgewalt, Jagd, Pflanze, Tier, Beruf, Mythologie, Religion. In der Bildhauerei und der Architektur stellt das Werk in seiner Gesamtheit das Motiv dar oder einzelne Teile davon.

Landschaft

Eine Landschaft stellt ein Gebiet dar, das sich durch bestimmte Merkmale von anderen Gebieten unterscheidet. Am Meer, im Wald, in der Stadt, in der Wüste oder in den Bergen, in Europa oder in Asien sind jeweils bestimmte Gegebenheiten vorherrschend, die das Umfeld prägen und die typisch für eine Region oder ein äußeres Erscheinungsbild sind. Landschaften können sowohl gegenständlich gestaltet sein, wie z. B. bei dem Werk »Donaulandschaft mit Schloss Wörth« von Albrecht Altdorfer, als auch abstrakt, so beispielsweise bei den Werken »Meine Stadt« von Koroush Namazi oder »Arc de Triomphe« von Agathe Snow.

Albrecht Altdorfers Donaulandschaft mit Schloss Wörth, um 1528

Landschaftsdarstellung von Ernst Ludwig Kirchner, um 1906

Portrait

Bei einem Portrait wird eine Person oder eine Personengruppe dargestellt. Personen werden entweder teilweise gezeigt, indem z. B. nur das Gesicht wiedergegeben wird, oder im Ganzen abgebildet. Das Portrait kann entweder mit abstrakten Mitteln gestaltet werden, wie etwa bei dem Werk »Senecio« von Paul Klee oder bei Plastiken von Henry Moore. Oder das Portrait spiegelt das Gegebene naturgetreu wider, wie

Senecio von Paul Klee, 1922

Das Mädchen mit dem Perlenohrring von Jan Vermeer, um 1665

etwa bei dem Werk »Das Mädchen mit dem Perlenohrring« von Jan Vermeer van Delft oder bei vielen antiken Plastiken.

Stillleben

Auf einem Stillleben sind leblose und unbewegte Dinge sowie Alltagsgegenstände dargestellt wie Blumen, Früchte, Geschirr, Schmuck, Kleidungsstücke, Bücher oder Geräte bis hin zu toten Lebewesen. Stillleben können mit abstrakten Mitteln gestaltet werden, wie etwa beim »Stillleben mit Begonie, Äpfeln und Birne« von August Macke, oder das Gegebene naturgetreu widerspiegeln, wie etwa beim »Stillleben« von Jan Davidsz de Heem.

Collage von Juan Gris, 1920

Collage

Aus der Zusammenstellung und dem Aufbau unterschiedlicher Elemente zu einem Kunstwerk entsteht ein neues Ganzes, indem die Materialen auf einen Untergrund aufgeklebt werden. Dabei können verschiedenste Materialien zum Einsatz kommen wie Zeitungsausschnitte, farbige Papiere, Bänder, Furnierstücke oder Fo-

Stilleben von August Macke, 1912

Stilleben von Jan Davidsz de Heem, um 1645

tografien. Beispiele sind Pablo Picassos »Bottle of Vieux Marc, Glass, Guitar and Newspaper« und Werke von Hannah Höch und Raoul Hausmann.

Assemblage

Werden dreidimensionale, also plastische Objekte aus verschiedenen Werkstoffen erschaffen, so spricht man von einer Assemblage. Dabei können verschiedenste Materialien zum Einsatz kommen wie Papier, Metall, Stein, Holz, Ton oder Gips. Beispiele sind August Rodins »Nu feminin dans une coupe en métal« (Akt in einem Kelch aus Metall) und Marcel Duchamps »Roue de Bicyclette« (Fahrrad-Rad).

Assemblage von Auguste Rodin, 1840

Mobile

Frei hängende, ausbalancierte und leicht bewegliche Gebilde aus beweglichen Elementen werden als Mobile betitelt. Bewegungen unterschiedlicher Art, Geschwindigkeit und Reichweite ergeben so ein Ganzes. Mobile haben einen Standfuß, werden an der Wand befestigt oder hängen von der Decke.

Motivkette

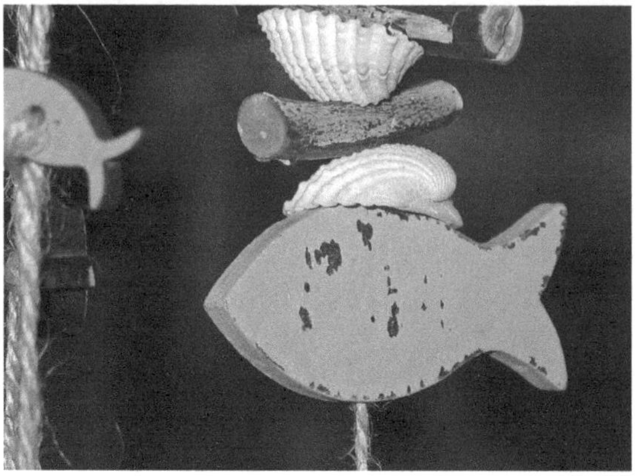

Bei einer Motivkette sind Elemente, die ein übergeordnetes Thema gemeinsam haben, nacheinander an einer Schnur, einem Band oder einem Draht aufgefädelt oder befestigt. Oft liegt ein regelmäßiger oder strukturierter Aufbau zugrunde. Motivketten werden als Fenster-, Tür- oder Wandschmuck verwendet.

Wirkung

Jedes Kunstwerk hat eine Wirkung auf den Betrachter und beeinflusst dessen Denken und Fühlen in Bezug auf das Geschaffene. Mit dem Werk wird eine Stimmung transportiert und der Betrachter spricht ihm bestimmte Attribute zu wie »klar«, »verblüffend« oder »chaotisch«. Zum einem nutzt der Künstler bestimmte gestalterische Mittel und Techniken, um eine bestimmte Wirkung zu erzielen. Zum anderen wird die Wirkung eines Werks auf den Betrachter auch von dessen individueller Wahrnehmung und dessen individuellem Geschmack beeinflusst.

Kunsttherapie

Malen, Zeichnen, Gestalten – all dies wird in Kliniken, heilpädagogischen Einrichtungen oder sozialen Organisationen eingesetzt, um unter therapeutischer Begleitung Heilungsprozesse zu unterstützen oder um Lebensqualität zu steigern. Besonders psychische Probleme werden mit Hilfe der Kunsttherapie behandelt. Patienten setzen sich mit Ängsten und Sehnsüchten auseinander und durchbrechen erstarrte Denk- oder Handlungsmuster. Sie können innere und äußere Bilder ausdrücken, kreative Fähigkeiten entwickeln oder ihre sinnliche Wahrnehmung schulen.

3.2 Werkstoffe

Werkstoffe haben spezifische Eigenschaften und sind unterschiedlich in der Verarbeitungsweise oder Farbwirkung.

Klebstoffe

Darunter sind alle flüssigen oder breiigen Substanzen zum Aufbringen auf Oberflächen zusammengefasst, die Gegenstände dauerhaft und fest miteinander verbinden.

Tapetenkleister Klebt alle Papiere. Wasserlöslich. Dient auch als Trägerstoff für Farbpulver oder als Marmoriergrund.

Achtung: Unbehandelte Objekte bzw. Werkstücke mit unversiegelter Oberfläche vertragen keine Feuchtigkeit.

Klebestift Klebt Papier und Fotos und ist dauerhaft haltbar. Zieht keine Fäden und tropft nicht. Kurze Trocknungszeit.

Achtung: Korrekturen durch Verschieben der Werkstoffe nicht möglich.

Alleskleber Für viele Werkstoffe verwendbar wie Naturmaterialien, Kork, Papier, Stoff, Filz, Leder, Schaumstoff, auch in Verbindung mit Metall, Holz, Glas, Keramik und Plexiglas.

Achtung: Hinweise auf der Verpackung geben Aufschluss über spezielle Klebeeigenschaften und Wasserfestigkeit bzw. Haltbarkeit. Für Styropor lösungsmittelfreien Kleber verwenden.

Bastelkleber Milchig, lösungsmittelfrei, nach dem Trocknen transparent. Klebt unter anderem Pappe, Papier, Holz, Filz, Stoff, Leder, Kork, Styropor.

Achtung: Hinweise auf der Verpackung geben Aufschluss über Wasserfestigkeit bzw. Haltbarkeit. Klebestoffreste sind von Kleidung aber in den meisten Fällen auswaschbar (Waschmaschine).

Weißleim	Zum Kleben von Holz, Kork und Pappe. Mit etwas Wasser verdünnt Trägerstoff für Sand. Dauerhaft haltbar. Achtung: Werkstoffe mindestens eine halbe Stunde mit Schraubzwingen oder Ähnlichem zusammenhalten.
Lackkleber	Zum Kleben von dünnen Papieren insbesondere Servietten auf einem Gegenstand beispielsweise aus Holz, Glas, Porzellan, Ton, Plastik. Der Lack dient gleichzeitig als Schutzschicht. Achtung: Reizmittelarme Kleber verwenden.
Sprühkleber	Zum gleichmäßigen Verteilen auf großen Flächen und zur sparsamen Verwendung. Vor allem zum Kleben von Objekten aus Papier, Karton, Leder, Filz, Schaumstoff, Kunststoff, Gewebe, Textil, Styropor. Achtung: Nur in sehr gut belüfteten Räumen oder im Freien verwenden.
Heißkleber	Klebstoff wird durch Hitze flüssig und wird mit einer Heißklebepistole aufgetragen. Verbindet vielfältige, auch unebene Materialien miteinander. Dauerhaft haltbar. Achtung: Verbrennungsgefahr. Für Kunststoffe weniger geeignet.

WASSERFESTER KLEBER

Wasserfest bedeutet, dass die Einwirkung von Wasser den Klebstoff nach dem Trocknen nicht verändert. Wasserfeste Klebstoffe sind also witterungsbeständig und dauerhaft haltbar. Objekte für den Außenbereich müssen aufgrund ihrer Materialeigenschaften gegebenenfalls weiterbehandelt werden (wasserfester Farbstoff, Klarlack, Laminieren etc.).

Verschiedene Klebstoffe nach dem Trocknen

Farbstoffe

Dazu zählen alle chemischen Verbindungen, die andere Materialien färben.

Pulverfarbe Kann in Kleister oder Wasser eingerührt werden. Je nach Wassermenge als Aquarellfarbe oder deckende Farbe nutzbar.

Fingerfarbe Deckende Farbe pastenhafter, cremiger Konsistenz. Wasservermalbar und wasserlöslich. Großflächig auftragbar, schnell trocknend. Zum Malen auf Papier, Stein, Leinwand, Holz, Ton, Modelliermasse oder Glas.

Temperafarbe Deckende Farbe pastenhafter Konsistenz. Je nach Inhaltsstoffen wasservermalbar und wasserlöslich. Schnell trocknend. Zum Malen auf gut saugenden Untergründen wie Papier, Leinwand oder Holz. Hohe Alterungsbeständigkeit.

Plakafarbe	Deckende Farbe pastenhafter Konsistenz. Wasservermalbar, schnell trocknend. Nach dem Trocknen wasserfest und lichtecht. Zum Malen auf nahezu allen Untergründen wie Karton, Holz, Stein, Glas oder Metall.
Acrylfarbe	Deckende Farbe pastenhafter Konsistenz. Wasservermalbar und dick auftragbar. Sehr schnell trocknend und einen elastischen Film bildend. Nach dem Trocknen wasserfest. Zum Malen auf nahezu allen Untergründen wie Metall, Leinwand oder Holz.
Linoldruckfarbe	Zähflüssig, gute Deckkraft. In der Regel sehr langsam trocknend. Zum Arbeiten mit Walzen und Farbplatten besonders geeignet.
Tusche	Farbige Tinte. Wasserfest, gut mischbar und transparent.
Beize	Dünnflüssig. Zum Einfärben von Holz und zum Übermalen von Wachs (Wachsmalkreiden, Kerzenwachs).
Batikfarbe	Dünnflüssig. Färbt Textilien, Papier und Sand.
Marmorierfarbe	Schwimmt auf Wasseroberflächen und Kleistergrund. Bleibt auf Papier besonders gut haften.
Wachsmalstifte	Leuchtende, kräftige Farben. Können nachträglich mit Wasserfarbe, Beize oder Tusche übermalt werden. Für großzügiges Malen.
Buntstifte	Sind leicht führbar. In verschiedenen Stärken bzw. Größen erhältlich. Teilweise wasservermalbar.
Aquarellstifte	Farbstiftzeichnung und Aquarellmalen möglich. Gezeichnetes kann mit einem Wasserpinsel in Aquarellflächen verwandelt werden.
Faserstifte	Für feineres Arbeiten. In verschiedenen Stärken bzw. Größen erhältlich.
Bleistifte	In verschiedenen Härtegraden erhältlich zum Zeichnen und Radieren. Weiche Bleistiftspuren können auf dem Untergrund verwischt werden.

Pastellkreide Farbstaub wird aufgetragen und verwischt. Malt besonders gut auf etwas raueren Oberflächen. Mit Haarspray fixieren, so dass die Kreide auf dem Untergrund haften bleibt.

Strukturpaste Masse zur Erzeugung einer dreidimensionalen Oberflächenstruktur. Mit Deckfarben wie Acryl-, Tempera- oder Plakafarbe mischbar oder nach dem Trocknen übermalbar. Masse kann mit Zusatzstoffen angereichert werden wie Sand, Fasern oder Granulat. Hohe Klebekraft zum Einbetten von größeren Elementen.

ANTROCKUNGSZEIT, OBERFLÄCHENSCHUTZ, AUSWASCHBARKEIT

Zwischen Arbeitsgängen, also vor dem Einsatz eines weiteren Farbtons, gegebenenfalls eine ausreichende Antrocknungszeit einhalten, ansonsten vermischen sich Farbstoffe ungewollt auf dem Untergrund.

Oberflächen werden vor Wasserschäden und Abnutzung geschützt, indem nach dem Trocknen Klarlack aufgetragen wird. Besonders Objekte für den Außenbereich aus Holz oder Salzteig sollten mit Klarlack behandelt werden.

Wasserlösliche Farben sind aus Kleidung auswaschbar, wasserfeste Farbe bleibt darauf haften, beachten Sie Angaben auf der Verpackung.

Acrylfarben

Buntstifte

Tusche

Faserstifte

Wachsmalstifte

Pastellkreiden

Aquarallstifte

Wachsmalblöcke

Übliche Farbstoffe – eine Auswahl

Papiere

Dies sind flächige Werkstoffe zum Beschreiben, Bedrucken, Bemalen und Basteln.

Zeichenpapier	In verschiedenen Farbnuancen und Stärken erhältlich, glatte bis raue Oberfläche. Nimmt Farbstoffe gut an. Zum Malen, Zeichnen und Kleben.
Tonpapier und Tonkarton	Hergestellt aus direkt in der Masse gefärbtem Stoff. In vielen verschiedenen Farbnuancen, Stärken und Spezialfertigungen erhältlich. Zum Malen, Zeichnen und Kleben. Tonpapier ist dünn, stabil, biegsam und für manche Faltarbeiten geeignet.
Elefantenpapier	Stabil und robust durch seine dichte Struktur. In verschiedenen Farbnuancen und Stärken erhältlich. Marmoriertes Muster durch Fasereinschüsse, grobe Maserung. Zum Malen und Kleben.
Pappe	In verschiedenen Farbnuancen, Stärken und Spezialanfertigungen erhältlich. Zum Malen und Kleben oder zur Herstellung von Plastiken.
Tapete	In verschiedenen Farbnuancen und Stärken erhältlich, glatte bis raue Oberfläche. Zum Malen und Kleben sowie für großflächiges Arbeiten.
Packpapier	In verschiedenen Farbnuancen erhältlich, glatte bis raue Oberfläche. Zum Malen, Zeichnen und Kleben. Manche Papiere sind auch für Faltarbeiten geeignet.
Buntpapier	In verschiedenen Farbnuancen, matt oder glänzend, gummiert oder ungummiert erhältlich, indem die Papieroberfläche bearbeitet wird. Für Reiß-, Schneide- oder Klebearbeiten. Viele auch für Faltarbeiten geeignet.
Geschenkpapier	In verschiedenen Farbnuancen und Stärken erhältlich, matt oder glänzend. Für Schneide- und Klebearbeiten. Je nach Stärke auch für Faltarbeiten geeignet. Wird die Färbung oder Musterung nur auf die Oberfläche aufgetragen handelt es sich um ein Buntpapier. Ansonsten zählen Geschenkpapiere zu den Packpapieren.

Zeitungspapier	Leicht, nimmt relativ viel Flüssigkeit auf. Für Reiß- und Klebearbeiten sowie für manche Faltarbeiten. Nach dem Trocknen übermalbar mit deckender Farbe.
Aquarellpapier	In verschiedenen Stärken erhältlich, glatte bis raue Oberfläche. Besonders saugfähig und lichtbeständig. Insbesondere für das Bemalen mit Farben mit einem hohen Wasseranteil geeignet. Durch Befeuchten des Papiers verteilt sich die Farbe bzw. verschwimmt die Farbe. Aquarellpapier muss vor dem Befeuchten aufgespannt werden, da sich das Volumen beim Bearbeitungsprozess verändert.
Löschpapier und Batikpapier	In verschiedenen Farbnuancen erhältlich. Wasserfarbe und Batikfarbe verteilt sich darauf schnell, erzeugt zufällige Muster und Gebilde.
Japanpapier	Trotz geringer Stärke sehr saugfähig und reißfest. In verschiedenen Farbnuancen erhältlich, stark gemasert. Für Mal- und Klebearbeiten.
Seidenpapier	In verschiedenen Farbnuancen erhältlich. Dünn, leicht und etwas durchscheinend. Vor allem für Reiß- oder Klebearbeiten und zum Knüllen. Färbt in Verbindung mit Flüssigkeiten stark ab.
Pergamentpapier	Dünnes, durchscheinendes bzw. lichtdurchlässiges Papier. Trotzdem stabil. Butterbrotpapier: Milchig mit glatter Oberfläche. Für Reiß- und Klebearbeiten. Architektenpapier: Hochtransparentes Papier mit sehr glatter Oberfläche, matt und bläulich-weiß. In unterschiedlichen Stärken erhältlich. Für Wachstechniken und transparente Klebearbeiten. Transparentpapier: In verschiedenen Farbnuancen erhältlich. Glatte Oberfläche. Am besten mit nicht so flüssigen Klebstoffen wie Tapetenkleister oder einem Klebestift verkleben. Für Reiß- und Klebearbeiten.
Servietten	In verschiedenen Farbnuancen und Stärken erhältlich, glatte bis raue Oberfläche. Für Reiß- oder Klebearbeiten

und teilweise zum Knüllen. Färben in Verbindung mit Flüssigkeiten teilweise stark ab.

Krepppapier In verschiedenen Farbnuancen und Stärken erhältlich. Dehnbar, geriffelte Oberfläche. Beim Auftragen von flüssiger Farbe oder flüssigem Klebstoff entstehen Farbverläufe und Farbränder.

PAPIER-GRAMMATUREN UND LEINWAND

Die Stärke von Papier wird als Grammatur angegeben und beschreibt das Verhältnis von Masse zu Fläche in g/m²: Papier 7 g/m² bis 150 g/m², Karton 150 g/m² bis 600 g/m², Pappe ab 600 g/m². Je höher die Grammatur desto schwerer, dicker und stabiler der Werkstoff.

Eine Leinwand besteht aus Stoff wie Leinen oder Baumwolle, der auf einen Rahmen aufgespannt und in der Regel mit einer deckenden Farbe vorgrundiert ist.

Hilfsmittel

Neben Dingen, die das Gestalten und die Arbeit mit dem Werkmaterial erleichtern, gehören zu dieser Kategorie auch sämtliche Werkzeuge und Geräte, die zur Bearbeitung des Werkmaterials benötigt werden. Arbeitserleichternde Gegenstände sind unter anderem Greifzangen, Griffverlängerungen, Spezialscheren oder Stifthalter. Werkzeuge und Geräte sind etwa Pinsel, Walzen, Sägen oder Bügeleisen.

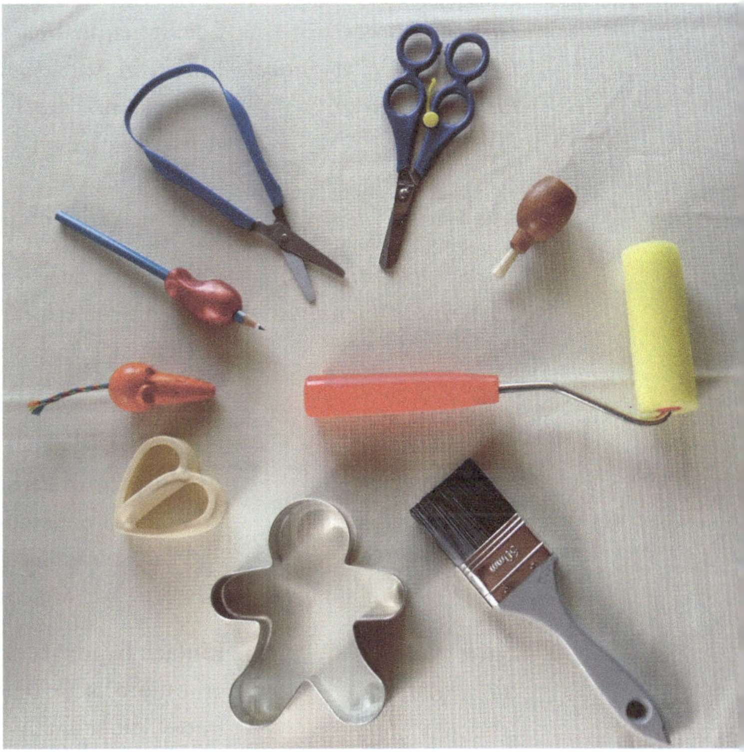

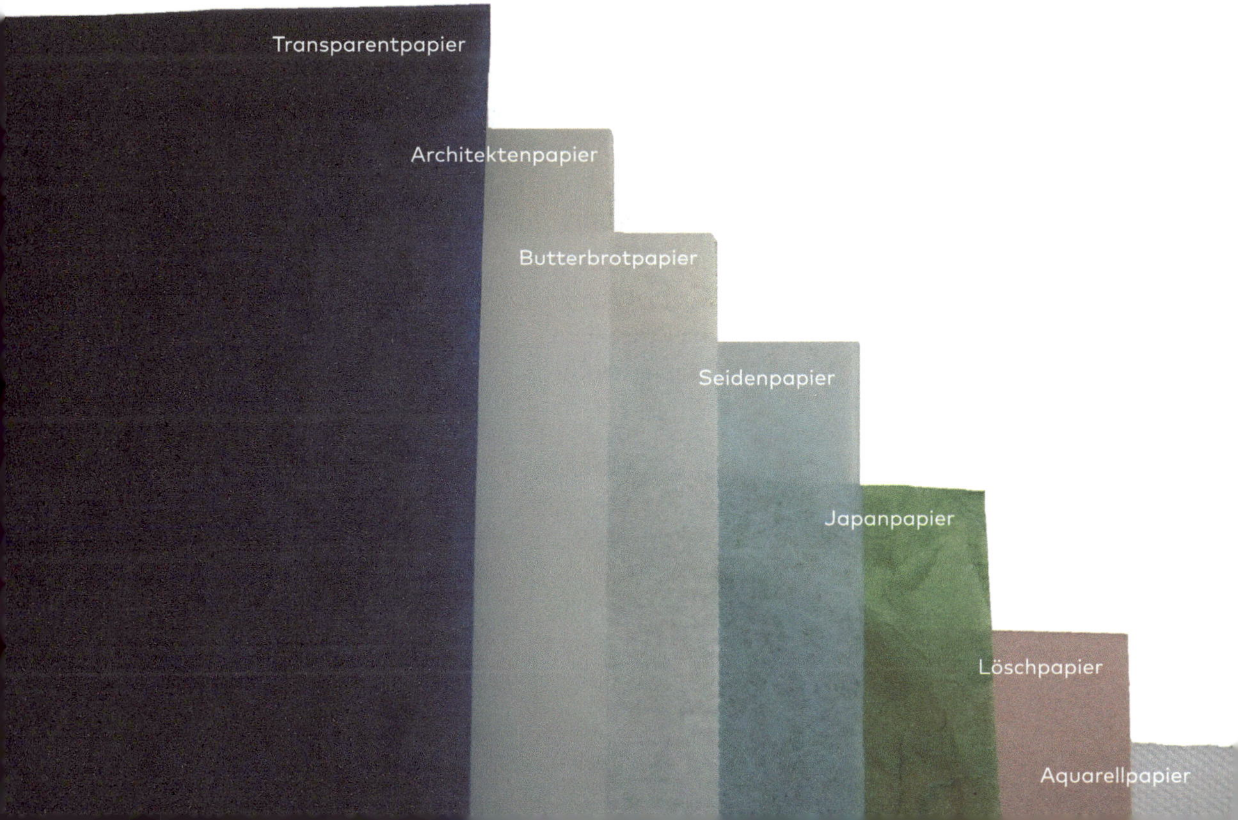

Hirnorganische Erkrankungen, kognitive Einschränkungen, Verwirrtheit	Leicht handhabbare Hilfsmittel. Handhabung mit Hilfe von Alltagsbewegungen. Hilfsmittel, deren Handhabung der Teilnehmer noch beherrscht. Auswaschbare ungiftige Farbstoffe. Gegebenenfalls grobmotorische Angebote bzw. keine Tätigkeiten mit Anspruch auf hohe Präzision.
Hörbeeinträchtigungen, Sehbeeinträchtigungen	Hilfsmittel, dessen Handhabung keine komplexen Bewegungen erfordert. Bei mangelnder Sehfähigkeit: Dickflüssige Farbstoffe oder kräftige Farben, keine filigranen Bastelarbeiten.
Lähmungen, Versteifungen	Hilfsmittel, die lockere Bewegungen zulassen. In den Arbeitsprozess Pausen einplanen. Farbstoffe hoher Qualität, die auch bei geringem Kraftaufwand deutliche Farbspuren hinterlassen. Bei Schlaganfall: Keine Bewegungen, welche einen Krampf auslösen könnten.
Zittern, Muskelzuckungen	Einfach handhabbare Hilfsmittel. Hilfsmittel, die grobmotorische Bewegungen zulassen. Keine Hilfsmittel, die schnelle oder präzise Bewegungen erfordern. Keine filigranen Bastelarbeiten.
Rheumatische Erkrankungen	Hilfsmittel, welche die Bewegung der Handgelenke einbinden. Ausnahme: Bei akuter Entzündung des Gelenks oder Schmerzen im Gelenk dieses nicht bewegen. Keine ruckartigen Bewegungen oder Bewegungen mit hohem Kraftaufwand. Farbstoffe hoher Qualität, die auch bei geringem Kraftaufwand deutliche Farbspuren hinterlassen.

WICHTIG!

Verletzte, versteifte, gelähmte oder schmerzende Körperteile werden nicht bewegt. Auch nicht passiv durch andere Personen.

Grundausstattung

Die Anschaffung dieser Materialien erleichtert die konstante Realisierung künstlerischer Tätigkeiten. In einer separaten Kiste gelagert sind diese Dinge zum regelmäßigen Gebrauch unkompliziert einsatzbereit.

> **LESEHINWEIS**
>
> **Materialien der Grundausstattung sind in den Beschreibungen zu Aktivitäten in den Ideenpools nicht separat aufgelistet.**

- Wachsmaltuch oder wasserfeste Tischdecke, Unterlage aus Kunststoff oder Holzbrett mit entsprechender Kunststoffbeschichtung, Zeitungspapiere → als Arbeitsfläche, zum Auslegen für Papiere zum Trocknen
- Behälter in verschiedenen Formen und Größen → als Materialbehälter, zum Einfüllen von Flüssigkeiten oder Werkstoffen, als Negativform für plastische Gegenstände zur Herstellung der Positivform bzw. des Kunstobjekts
- Karton → zur Fertigung von Schablonen oder Bilderrahmen
- Abpauspapier oder Butterbrotpapier → zum Übertragen von Konturen für Schablonen
- Stifte: Bleistift HB, Holzfarbstift weiß, Filzstift schwarz → zum Aufzeichnen von Umrissen z. B. für Schablonen, zum Aufzeichnen von Linien z. B. bei Schneidarbeiten, zum Weitergestalten von Bildern
- Pinsel: Borstenpinsel, Haarpinsel → zum Auftragen und Verstreichen von Farb- oder Klebstoff
- Mallappen → zum Abstreifen überschüssiger Flüssigkeit oder überschüssigem Farbstoff von Pinseln
- Walze, Nudelholz → zum Verteilen von Farbstoffen, zum Auswellen von Werkstoffen
- Schwamm → zum Auftragen von Farbstoffen, zum Entfernen überschüssiger Flüssigkeit oder überschüssigen Farbstoffs von Untergründen
- Malhalter, Minitischschraubstock → zum Einspannen und Halten von Gegenständen
- Falzbein → zum Herstellen von Faltlinien
- Klammern, Clips → zum Andrücken von Zusammengeklebtem

- Papierschneidegerät bzw. Schneidemaschine, Papierschere, Nagelschere, Stoffschere, Klebeband, Kreppband, Heftgerät (Tacker), Bastelkleber, Alleskleber, Klebestift
- Lineal, Geodreieck, Zirkel, Radierer, Spitzer, Lochzange bzw. Stanzzange, Wollknäul
- Kleiderschutz, Feuchttücher

EINFARBIGKEIT, QUALITÄT, ABPAUSEN

Einfarbige Wachsmaltücher und Tischdecken bieten besonders Demenzkranken und Menschen mit ähnlichen Symptomen Sicherheit.

Nutzen Sie Wäscheklammern guter Qualität, die eine hohe Druckkraft aufweisen.

Auch beim Zirkel lohnt sich der Kauf eines höherwertigen Produkts mit Mitteltriebschraube.

Abpauspapier wird zwischen Karton und Vorlage gelegt. Durch das Nachfahren der Linien wird die Form direkt auf den Karton übertragen. Mittels Butterbrotpapier werden die Linien zunächst auf das Butterbrotpapier übertragen und diese Zeichnung dann mit einem Klebestift auf Karton zum Ausschneiden fixiert.

BASTEL KLEBER

Farb-an-sich-Kontrast

Hell-Dunkel-Kontrast

Kalt-Warm-Kontrast

Komplementärkontrast

Quantitätskontrast

Simultankontrast

3.3 Darstellungsmittel

Durch den bewussten Einsatz von Größen, Übereinstimmungen, Unterschieden und Ausrichtungen entsteht eine künstlerische Anordnung und bestimmte Wirkung.

Farbkontraste

Die Stimmung, die das Werk ausstrahlt, ist unter anderem von der Farbgebung bestimmt und unterliegt Gesetzmäßigkeiten. Je nachdem, welche Farbtöne in welchem Verhältnis zueinander eingesetzt wurden, hat das Werk eine besondere Wirkung auf den Betrachter. Mit der Farbenlehre befassten sich schon viele berühmte Persönlichkeiten, unter anderem Johann Wolfgang von Goethe. Am bekanntesten ist jedoch die Farbenlehre von Johannes Itten, der Farbkontraste und Farbwirkungen durch entsprechende Definitionen auf den Punkt brachte. Er schaffte dazu einen Farbkreis mit folgenden Farbgruppen: Nichtfarben sind Schwarz und Weiß – Grundfarben sind Rot, Blau und Gelb – Mischfarben sind Grün, Orange und Violett – Komplementärfarben stehen sich im Farbkreis gegenüber. Die Anordnung der Farben bei einem Werk bestimmen nach Ittens Farbenlehre dessen Wirkung auf den Betrachter mit.

Farb-an-sich-Kontrast

Ein starker Kontrast entsteht, wenn zwei reine Farben aufeinandertreffen wie Rot und Grün, Blau und Orange oder Gelb und Violett. Werke wirken entschieden, bunt, kraftvoll und laut. (*Beispiel:* »Pferd in Landschaft« von Franz Marc)

Hell-Dunkel-Kontrast

Wenn eine besonders helle und eine besonders dunkle Farbe aufeinandertreffen wie beim Zusammentreffen von Schwarz und Weiß entstehen Spannung sowie Konturen und Körperlichkeit, denn helle Farben streben nach vorne. (*Beispiel:* »Porträt des Tiburcio Pérez y Cuervo« von Francisco de Goya)

Kalt-Warm-Kontrast

Ein starker Kontrast entsteht, wenn eine besonders kalte und eine besonders warme Farbe aufeinandertreffen wie Blauviolett auf Gelborange oder Blaugrün auf Rotorange. Dieser Kontrast erzeugt einen räumlichen Eindruck, blaustichige Farbtöne wirken dann weiter entfernt. (*Beispiel:* »Die Bucht von Marseille« von Paul Cézanne)

Qualitätskontrast

Reine, gesättigte Farben stehen getrübten Farben gegenüber. Diese getrübten Farben entstehen durch das Zumischen von Schwarz, Grau, Weiß oder dem Beimischen der Komplementärfarbe. Die reine Farbe wird also heller oder dunkler. (*Beispiel:* »Stillleben mit Schokoladenhasen« von Max Slevogt)

Quantitätskontrast

Ein starker Kontrast entsteht, wenn sich verschieden große Farbflächen gegenüberstehen, die jeweils eine unterschiedliche Leuchtkraft aufzeigen, wie eine kleine Fläche Gelb in Kombination mit einer großen Fläche Blau. Mittels dieser Gegenpole wird Spannung bei einem Werk aufgebaut. (*Beispiel:* »Mondnacht Neukastel« von Max Slevogt)

Komplementärkontrast

Wenn zwei Komplementärfarben nebeneinander angeordnet sind wie Gelb-Grün oder Rot-Violett fällt ein Farbton zuerst ins Auge. In diesem Falle sticht der Rotton hervor und wird vorrangig wahrgenommen. Die entsprechenden Farben haben also durch den Einsatz dieses Kontrasts eine höhere Leuchtkraft. (*Beispiel:* »Frau in den Wellen« von Paul Gauguin)

Simultankontrast

Ein starker Kontrast entsteht, wenn zwei Farben so nebeneinander im Werk angeordnet sind, dass eine der Farben in der Wahrnehmung nuanciert. Ein reines Rot wird auf einem blauen Hintergrund mehr als Orange wahrgenommen. Optische Täuschungen beleben ein Werk. (*Beispiel:* »La Grande Jatte« von Georges Seurat)

Farbsymbolik

Jeder Farbe werden bestimmte Eigenschaften, Gefühle oder Erfahrungen zugeordnet. Jede Farbe an sich hat also eine bestimmte Ausstrahlung auf viele Menschen und löst Vorstellungen in uns aus. Überprüfen Sie selbst anhand der rechts aufgelisteten Farbassoziationen, inwieweit Sie mit diesen übereinstimmen. Letztendlich

Intuition, Unterbewusstes, Vergangenheit, Reinigung, Klugheit ∘ Zurückhaltung, Schlichtheit, Eleganz ∘ Reichtum, Schnelligkeit, Moderne ∘ Distanz, Kühle, Unnahbarkeit

Inspiration, Weisheit, Freiheit, Zukunft ∘ Stolz, Leistung, Glanz, Pracht, Luxus ∘ Macht, Gier, Prahlerei

Männlichkeit, Schutz, Sicherheit, Geborgenheit ∘ Vertrauen, Loyalität und Treue, Verlässlichkeit ∘ Konzentration, Ruhe, Weite, Ewigkeit, Klugheit ∘ Sehnsucht, Stagnation, Stillstand

Anmut, Entfaltung, Unabhängigkeit und Eigenständigkeit ∘ Wille, Kraft, Weisheit, Ehrlichkeit ∘ Egoismus, Selbstdarstellung

Sachlichkeit, Seriosität, Unabhängigkeit ∘ Feierlichkeit, Eleganz, Exklusivität, das Edle ∘ Macht, Schwere, Dunkelheit, Einengung, Leere, Einsamkeit, Unglück, Tod

Mütterlichkeit, Harmonie, Balance ∘ Frische, Natürlichkeit, Leben, Wachstum ∘ Regeneration, Hoffnung

Naturverbundenheit, Bodenständigkeit, Zurückhaltung ∘ Zuverlässigkeit, Geborgenheit, Gemütlichkeit ∘ Konservatismus, Faulheit, Verfall, Schwere, Angst

Beweglichkeit, Eifer, Beharrlichkeit ∘ Wachheit, Konzentration, Reife, Erleuchtung ∘ Freude, Optimismus, Freundlichkeit ∘ Zweifel, Ungeduld, Warnung

Neutralität, Sachlichkeit, Schlichtheit, Bescheidenheit ∘ Moderne ∘ Alter, Weisheit, Eleganz ∘ Schüchternheit, Nüchternheit, Eintönigkeit, Trostlosigkeit, Konservatismus

Ausdauer, Stärke, Wille, Tatkraft, Mut, Opferbereitschaft ∘ Genuss, Lebhaftigkeit, Freude, Exotik ∘ Wandlung, Intuition, Kreativität

Leichtigkeit, Unschuld, Reinheit, Frieden, das Gute, Bescheidenheit ∘ Neuanfang, Neutralität, Ordnung, Klarheit, Stille ∘ Vollkommenheit, Klugheit, Weisheit, Edelmut, Unsterblichkeit ∘ Leere, Gefühllosigkeit, Kapitulation

Liebe, Treue, Leidenschaft, Begeisterung ∘ Aktivität, Energie, Dynamik, Mut, Wille ∘ Aggression, Gefahr

Kommunikation, Gleichgewicht, Genügsamkeit, Würde ∘ Entschlusskraft, Aufbruch, Reinigung, Transformation und Veränderung ∘ Inspiration, Spiritualität, Magie und Mystik ∘ Empfindsamkeit, Zweideutigkeit

Menschenliebe, Idealismus, Würde, Kostbarkeit ∘ Kreativität, Erkenntnis, Emanzipation, Magie, Mystik ∘ Gutmütigkeit

Nächstenliebe, Sympathie, Mitgefühl, Zärtlichkeit, Vergebung ∘ Romantik, Zartheit, Kindlichkeit ∘ Verletzlichkeit, Realitätsferne

ist die Bedeutungszuschreibung zu verschiedenen Farben natürlich kulturspezifisch und von individuellen Erfahrungen geprägt.

Flächengestaltung

Flächen sind charakterisiert durch Umrisse und Begrenzungen, die durch unterschiedliche Stilmittel ausgestaltet werden können.

Linien	zackige, eckige, gebogene, runde, gewellte, spiralförmige, durchgängige, unterbrochene, punktförmige, lange, kurze etc.
Formen	geometrische Formen wie Kreis, Quadrat, Rechteck, Dreieck, Trapez, Parallelogramm, Sechseck, Stern freie Formen kombinierte Formen
Streuung	Elemente sind verteilt auf der Fläche angeordnet, also verstreut. Abstände sind an imaginären Punkten oder Linien ausgerichtet oder zufällig.
Ballung	Elemente sind zusammengedrängt auf der Fläche angeordnet wie am Rand, in der Mitte. Abstände sind gering.
Reihung	Elemente sind in einer Reihenfolge auf der Fläche angeordnet, also in gleicher oder auf ähnliche Art und Weise auf der Fläche platziert und lassen einen systematischen Aufbau erkennen. Abstände bleiben erhalten.
Überschneidung	Elemente sind teilweise überdeckt und überlagern sich.
Symmetrischer Aufbau	Der Gesamteindruck ist gleichmäßig und geordnet durch den Einsatz von Rastern, Achsen, Winkeln und Spiegelungen anhand von Ausgangspunkten. Längen und Breiten stehen in gleichem Verhältnis zueinander und im gleichen Verhältnis zum Ganzen. Ein Werk wirkt dann harmonisch und stimmig.

Asymmetrischer Aufbau Der Gesamteindruck ist unregelmäßig. Werke wirken dann spannungsvoll, bewegt oder dynamisch. In Wechselwirkung miteinander stehen:

- komplexe und einfache Elemente
- symmetrische und asymmetrische Elemente
- Flächen unterschiedlicher Größe
- dicke und dünne Striche
- durchgängige und unterbrochene Linien
- Linien mit unterschiedlichem Richtungsverlauf

Plastische Gestaltung

Eine Plastik definiert ein dreidimensionales Gebilde und körperhaftes Objekt, das auf verschiedene Art und Weise ausgeformt werden kann. Es gibt hier zahlreiche Überschneidungen mit der Gestaltung von zweidimensionalen Flächen.

Linien zackige, eckige, gebogene, runde, gewellte, spiralförmige, durchgängige, unterbrochene, punktförmige, lange, kurze etc.

Formen geometrische Formen wie Kugel, Pyramide, Würfel, Quader, Kegel, Zylinder, Prisma

freie Formen

kombinierte Formen

Streuung Elemente sind verteilt im Raum angeordnet, also verstreut. Abstände sind an imaginären Punkten oder Linien ausgerichtet oder zufällig.

Ballung Elemente sind zusammengedrängt im Raum angeordnet wie am Rand, in der Mitte. Abstände sind gering.

Reihung Elemente sind in einer Reihenfolge im Raum angeordnet, also in gleicher oder auf ähnliche Art und Weise platziert und lassen einen systematischen Aufbau erkennen. Abstände bleiben erhalten.

Überschneidung	Elemente sind teilweise überdeckt und überlagern sich.
Effekte	Proportionen, Oberflächen, Strukturen, Lichtverhältnisse, Richtungen, Hohlräume, Farbgebung, Beziehung zum Umraum
Symmetrischer Aufbau	Der Gesamteindruck ist gleichmäßig und geordnet durch den Einsatz von Rastern, Achsen, Winkeln und Spiegelungen anhand von Ausgangspunkten. Längen und Breiten stehen in gleichem Verhältnis zueinander und im gleichen Verhältnis zum Ganzen. Eine Plastik wirkt dann harmonisch und stimmig.
Asymmetrischer Aufbau	Der Gesamteindruck ist unregelmäßig und dynamisch. Eine Plastik wirkt dann schwer oder leicht, groß oder klein, kantig oder rund, ausladend oder zart, geschlossen oder offen, glatt oder uneben, stumpf oder glänzend, statisch oder bewegt, organisch oder tektonisch und so weiter. In Wechselwirkung miteinander stehen: • komplexe und einfache Elemente • symmetrische und asymmetrische Elemente • gegenständliche Elemente und Fantasieelemente • Elemente unterschiedlicher Größe • Elemente mit unterschiedlicher Oberflächenbeschaffenheit • in verschiedene Richtungen weisende Elemente

4. Einfach Schönes erschaffen

Anhand von Zufallstechniken entstehen durch Experimentieren und Ausprobieren Werke, die ein eigenständiges Ergebnis darstellen. Kein Produkt, das mit Hilfe einer Zufallstechnik geschaffen wurde, gleicht dem anderen. Gestalterische Tätigkeiten geringen Schwierigkeitsgrads können oft mit wenig Aufwand verwirklicht werden.

4.1 Aktivitäten

PRAKTISCHER NUTZEN

Besondere Freude bereitet das Gestalten von Dingen, wenn diese hinterher auch einen praktischen Nutzen erhalten. Unter dem Punkt »Verwendung« finden sich deswegen im Folgenden jeweils einige Ideen aufgelistet, für welche Alltags- und Dekorationsobjekte sich die beschriebenen Techniken jeweils besonders eignen.

««« o »»»

Stempeln mit Linien und Formen

Untergrund

Zeichenpapier, Packpapier, Tapete, Aquarellpapier, Leinwand → raue Oberfläche

Tabletts, Teller etc. aus unterschiedlichen Materialien → flache Gegenstände, deren Oberfläche nicht zu glatt ist

Stoffe und Textilien

Stempel

Ausstechformen → mit der scharfen Kante so in eine Kartoffelhälfte eindrücken, dass der verdickte Rand als Stempelfläche dient

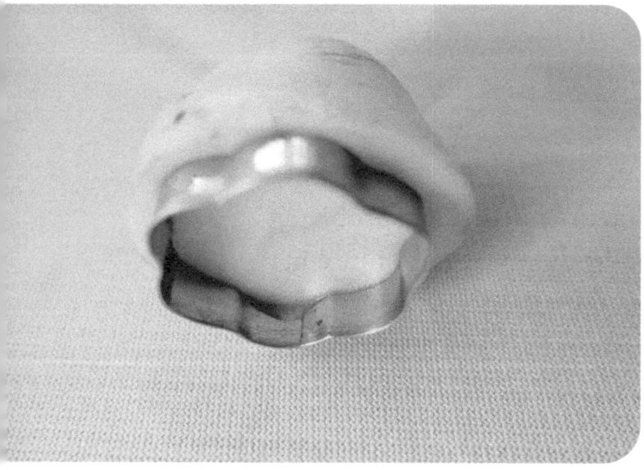

Schwammtücher → zusammenrollen und mit Klebeband fixieren, die Tuchkante dient als Stempelfläche

Kartonstücke → in die gewünschte Form biegen und mit Klebeband fixieren, die Kartonkante dient als Stempelfläche

Alltagsgegenstände z. B. Korken von Weinflaschen, Verschlüsse von Plastikflaschen, Mulden eines Eierkartons, Schrauben, Spülbürsten

Auf Pappstücke, Holzplatten oder Teigrollen geklebte Gegenstände z. B. Kordeln, Borten, Stoffe, Noppenfolien, Figuren aus Moosgummi, Elemente aus Wellpappe, Gebilde aus Pfeifenreiniger, Schleifpapierstücke

Auf Korken von Weinflaschen aufgeklebte Elemente z. B. Knöpfe

Mit Paketschnur umwickelte Holzquader

Früchte z. B. Apfel-, Orangen-, Zitronenhälften

Pflanzenteile z. B. Blüten, Blätter

Sonstige im Handel erhältliche Stempel

STEMPELKISSEN

Als Stempelkissen dient ein Schwammtuch, das in eine flache Kunststoffform gelegt wird. Die Farbe gleichmäßig darauf verteilen.

Farbstoff

Finger- oder Temperafarbe haftet auf vielen Flächen. Für Stoff, Porzellan und Glas sind im Handel spezielle Malfarben erhältlich.

Verwendung

Papiere zur Weiterverarbeitung z. B. Kalenderblätter, Grußkarten, Mappen, Lesezeichen, Tischsets, Puzzles, Memory-Spiele, Collagen

Kissenbezüge, T-Shirts, Taschen und Beutel, Tischdecken, Wandbehänge

Dekorationsgegenstände, Wandbild

Vorgehensweise
Die Stempelfläche zuerst auf das Stempelkissen und dann auf den Untergrund drücken. Den Stempel dabei von oben nach unten auf das Papier aufsetzen und seitliche Bewegungen vermeiden.

STEMPELN

Gegenstände müssen zum Stempeln ausreichend stark sein, dürfen also nicht zu dünn sein. Nur so wird ein Effekt auf dem Untergrund erzielt. Lediglich ein Stück Tonkarton auf eine Trägerfläche (z.B. einen Holzquader) aufzukleben, hätte keinen Stempeleffekt.

Wählen Sie die Trägerfläche von Stempeln nicht zu groß bzw. der aufgebrachten Stempelfläche entsprechend. Je größer die Trägerfläche im Verhältnis zur Stempelfläche ausfällt, desto schwieriger ist es, den Stempel passgenau an der vorgesehenen Stelle zu platzieren. Versehen Sie Holzscheiben und Holzplatten an der Oberseite mit einer Handschlaufe zur einfacheren Handhabung ähnlich wie bei einer Massage-Handbürste mit Handschlaufe.

Stoff, der als Stempeluntergrund vorgesehen ist, wird vor dem Bestempeln gespannt, damit die Farbe gleichmäßig übertragen wird und gegebenenfalls nicht auf weitere Stofflagen durchdrückt. In Kleidungsstücke und Taschen wird zugeschnittene Pappe gelegt, Stoffstücke werden auf dicke Pappe gespannt und auf der Rückseite mit Klebeband oder Stecknadeln fixiert.

Bei Holz, Ton und Gips haftet die Farbe auf unversiegelten Oberflächen besonders gut. Außerdem verrutschen Stempel beim Aufbringen der Farbe seltener. Viele Gegenstände können nach dem Trocknen durch das Aufbringen einer Lackschicht geschützt werden.

Handabdruck – Gips

Material

Rührgerät, Gips, Behälter mit versiegelter Oberfläche (Metall, Kunststoff, Porzellan)

Vorgehensweise

Gipspulver entsprechend der Verpackung anrühren und auf etwa drei Zentimeter Höhe in das Gefäß füllen. Den Gips antrocknen lassen, so dass eine geschmeidige Masse entsteht. Dann die Hand mittig auf die Gipsfläche drücken. Den Gips mindestens zwei Tage ruhen lassen, bevor die Gipsform aus dem Gefäß gelöst werden kann.

REINIGUNG

Einsätze des Rührgeräts sofort einweichen und das Gerät und die Einsätze so schnell wie möglich säubern.

«««« o »»»»

Handabdruck – Salzteig

Material

Grundrezept Salzteig: 400 g Weizenmehl, 400 g Salz und 300 ml Wasser

Behälter rund Ø 30 cm oder viereckig ca. 30 x 30 cm

Vorgehensweise

Aus den Zutaten einen Teig kneten. Den Teig zu einer dicken Platte rollen. Mit dem Gefäß eine Grundform ausstechen. Dann die Hand mittig auf die Teigfläche drücken. Den Teig mindestens zwei Tage trocknen.

ARBEITEN MIT SALZTEIG

Gegebenenfalls noch Mehl oder Wasser hinzufügen, so dass eine Modelliermasse entsteht, die nicht klebt oder krümelt.

Anstatt der Hand können auch Gegenstände in die Salzteigplatte eingedrückt und zu einem Wandbild arrangiert werden, beispiels-

weise Muscheln. Zum Schluss mit einem Strohhalm Öffnungen für das Durchfädeln einer Kordel einstechen.

«« o »»

Stempeln mit Fingerabdrücken

Untergrund
Dekorationsgegenstände, Papiere, Stoffe und Textilien

Farbstoff
Deckende Farbe z.B. Finger- oder Temperafarbe. Für Stoff, Porzellan und Glas sind im Handel spezielle Malfarben erhältlich.

Verwendung
Papiere zur Weiterverarbeitung z.B. Geschenkpapiere, Kalenderblätter, Grußkarten, Mappen, Lesezeichen, Tischsets, Puzzles, Memory-Spiele, Collagen

Kissenbezüge, T-Shirts, Taschen und Beutel, Tischdecken, Wandbehänge

Wandbild

Vorgehensweise
Den Finger in die Farbe und dann auf den Untergrund aufdrücken.

STEMPELN MIT FINGERABDRÜCKEN

Kleben Sie Papiere gegebenenfalls mit Kreppband am Tisch fest, damit diese beim Gestalten nicht verrutschen. Auch bei vielen anderen in diesem Buch beschriebenen Malarbeiten kann dies für Einzelne die Arbeit an ihrem Werk erleichtern.

Idee: Einen Baumstamm mit Zweigen und Ästen aufmalen oder ausdrucken und mit Fingerabdrücken als Blätter versehen lassen.

Drucken mit Druckplatten

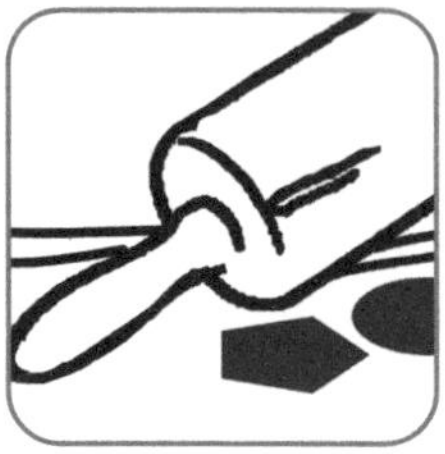

Trägermaterial
Zeichenpapier, Packpapier, Tapete oder Aquarellpapier → raue Oberfläche

Druckplatte
Zum Drucken können ähnliche Gegenstände wie beim Stempeln verwendet werden (siehe Seite 68), solange das Material keine starken Höhenunterschiede aufweist. Die Gegenstände nach Belieben auf eine Holzplatte oder auf Pappe kleben.

Farbstoff
Deckende Farbe z. B. Finger- oder Temperafarbe

Verwendung
Papiere zur Weiterverarbeitung z. B. Geschenkpapiere, Kalenderblätter, Grußkarten, Mappen, Lesezeichen, Tischsets, Puzzles, Collagen

Wandbild

Vorgehensweise
Farbe mit einem Pinsel oder einer Walze auf die Druckplatte aufbringen. Das Papier auf die Druckplatte auflegen und darüber ein Zeitungspapier legen. Mit einer Walze, einem Nudelholz oder den flachen Händen über die Papiere streichen. Die Papiere vorsichtig entfernen.

FARBREDUKTION

Ein Farbton reicht bereits aus, um ein ansprechendes Werk zu kreieren.

Motivdruck

Trägermaterial
Zeichenpapier

Farbstoff
Deckende Farbe z. B. Finger- oder Temperafarbe

Verwendung
Wandbild

Vorgehensweise
Das Papier falten. Eine Schablone aus Karton einlegen bzw. dazwischen legen. Mit einer Walze Farbe aufnehmen und über das Papier streichen, bis das Motiv klar erkennbar ist.

«««« o »»»»

Kleckstechnik

Trägermaterial
Zeichenpapier, Tonpapier, Packpapier, Tapete, Aquarellpapier

Druckplatte
Glatte Platte aus Kunststoff oder Glas

Farbstoff
Deckende Farbe z. B. Finger- oder Temperafarbe

Verwendung
Papiere zur Weiterverarbeitung z. B. Kalenderblätter, Grußkarten, Mappen, Lesezeichen, Tischsets, Puzzles, Collagen

Wandbild

Variante 1
Auf der Platte Farbklekse verteilen. Das Papier auf diese Fläche und darüber Zeitungspapier legen. Mit einer Walze über die Zeitungspapieroberseite streichen. Papiere vorsichtig von der Kunststofffläche ablösen.

Variante 2
Das Papier falten und wieder öffnen. Auf dem Papier Farbkleckse verteilen und wieder falten. Zeitungspapier darüber legen und mit einer Walze über die Zeitungspapieroberseite streichen. Das Zeitungspapier entfernen und das Papier vorsichtig auseinanderfalten.

«««« o »»»»

Marmorieren

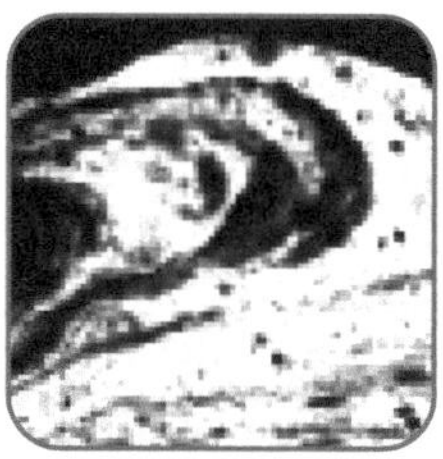

Material
Aquarellpapier oder Zeichenpapier
Marmorierfarbe
flache Auflaufform

Verwendung
Papiere zur Weiterverarbeitung z. B. Kalenderblätter, Grußkarten, Mappen, Lesezeichen, Tischsets, Puzzles, Collagen
Wandbild

Vorgehensweise
Das Gefäß mit Wasser füllen. Mit einem Haarpinsel Marmorierfarbe auf die Wasseroberfläche tropfen. Die Farbe mit dem Pinsel auf der Wasseroberfläche nach Belieben verteilen, so dass Muster auf dem Wasser entstehen. Das Papier vorsichtig auf die Wasseroberfläche auflegen. Das Papier an den oberen Ecken fassen und vorsichtig vom Wasser lösen bzw. abziehen. Das Papier abtropfen lassen und zum Trocknen auslegen.

Blumenstecker mit Osterei

Material
Marmorierfarbe (zwei bis drei Farbtöne), Plastikosterei, Schaschlikspieß aus Holz, zwei hohe Tassen

Vorgehensweise
Den Schaschlikspieß im Vorfeld in die Öffnung an der Unterseite des Plastikeis stecken und mit Heißkleber befestigen.

Eine Tasse zur Hälfte mit Wasser füllen und ein paar Tropfen Marmorierfarbe hinzugeben. Das Ei vollständig in das Wasserbad tauchen und wieder herausnehmen. Zum Trocknen mit dem Spieß in die zweite Tasse stellen. Nach Belieben kann ein Band um die Klebestelle gebunden werden.

EINGESCHRÄNKTE FEINMOTORIK

Viele Menschen mit beeinträchtigter Feinmotorik sind in der Lage, das Ei in einem breiten Behälter in das Wasserbad zu tauchen. Mehrere dieser Ostereier in einer dekorativen Vase ergeben einen hübschen Tischschmuck.

««« o »»»

Batiktechnik

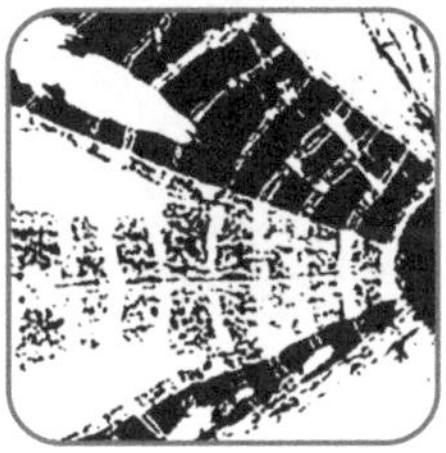

Material
Batikpapier, Löschpapier oder Seidenpapier
Wasserfarbe

Verwendung
Papiere zur Weiterverarbeitung z. B. Geschenkpapiere, Kalenderblätter, Grußkarten, Mappen, Lesezeichen, Tischsets
Wandbild

Vorgehensweise
Die Farbe mit einem Haarpinsel auf das Papier tupfen bzw. tropfen lassen.

TUBENPASTE UND SEIDENPAPIER

Wasserfarbe ist auch in Tuben erhältlich. Diese Tubenpaste können Sie im Vorfeld selbst mit etwas Wasser anmischen.

Seidenpapier wird vor dem Betupfen bzw. dem Betropfen mehrfach gefaltet, so dass mehrere Papierlagen entstehen, und erst nach dem Trocknen wieder geöffnet.

««« o »»»

Papier-Collage

Material
Papiere, Kartons, Zeitungspapiere, Illustrationen etc.

Tonkarton

Vorgehensweise
Ausschnitte des gewählten Materials auf Tonkarton anordnen und festkleben.

KOPIEN STATT ORIGINALE

Fotografien, Zeichnungen und dergleichen müssen nicht als Original verwendet werden. Hier reichen auch hochwertige Kopien. Eine wahre Fundgrube an Bildern sind Kataloge.

Papierreißen – Gegenstände bekleben

Material
Gegenstände aus Pappe z. B. Dosen, Schachteln
Dünnes Buntpapier oder Seidenpapier
Tapetenkleister

Verwendung
Dekorationsgegenstände, Behälter für kleine Geschenke

Vorgehensweise
Einzelne Flächen partiell zuerst mit Klebstoff bepinseln und dann mit Papierschnipseln bekleben. Diesen Vorgang mehrmals wiederholen, so dass die Papierschnipsel insgesamt mindestens dreilagig aufgebracht sind.

KLEISTERAUFTRAG UND ABFÄRBEN

Weisen Sie darauf hin, dass nicht zu viel Kleister aufgetragen werden sollte. Die Papierschnipsel rutschen sonst auf der Unterlage und ein gezieltes Platzieren der Papierschnipsel wird schwierig.

Seidenpapier färbt durch den Kontakt mit Kleister auf angrenzende Papierschnipsel ab, dadurch entstehen fließende Übergänge. Bei einfarbiger Gestaltung spielt dies keine Rolle, bei mehrfarbiger Gestaltung muss dies in Kauf genommen werden.

Tannenbaum

Material

Wellpappe grün, Schablone DIN A5, Garn in Silber oder Gold

Vorgehensweise

Das Garn mit transparentem Klebeband an der Tannenbaumrückseite befestigen. Das Garn nach Belieben mehrmals um die Figur wickeln. Das Garnende wieder an der Rückseite des Kartons festkleben.

VARIANTE

Ein Stern kann auf dieselbe Weise gestaltet werden.

Stern

Material

Tapete, Packpapier oder Geschenkpapier in Form eines gleichseitigen Dreiecks (Seitenlänge mindestens 15 cm)

Vorgehensweise

Eine Spitze des Dreiecks auf die gegenüberliegende Seitenmitte falten und das Papier wieder öffnen. Mit den anderen Dreiecksspitzen genauso vorgehen. Eine Spitze des Dreiecks wieder auf die gegenüberliegende Seitenmitte falten und mit Abstand die Spitze wieder nach außen falten, so dass ein kleineres Dreieck entstanden ist. Mit den anderen Dreiecksspitzen genauso vorgehen. Rundum eine Ecke so unter die andere schieben, dass sich der Stern nicht mehr öffnet.

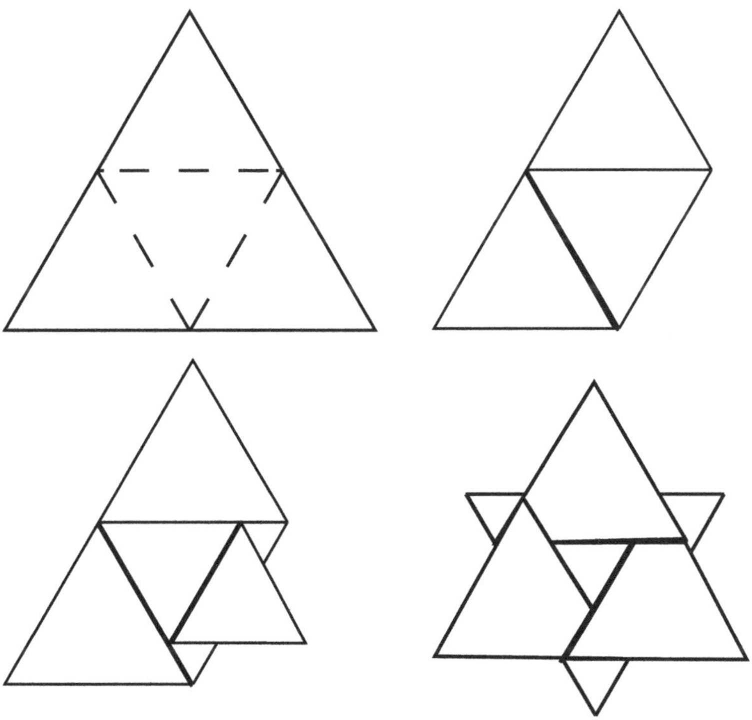

Zeichnen – freies Gestalten

Material
Bleistifte, Holzfarbstifte, Künstlerstifte, Wachsmalstifte, Tintenstifte, Kohlestifte oder Pastellkreide

Zeichenpapier hoher Grammatur

Gegebenenfalls Haarspray

BLOCKADE

Zeichnen Sie eine Linie oder eine geometrische Figur zum Weiterzeichnen auf das Papier, falls Teilnehmer vor einem leeren Blatt Hemmungen zeigen.

Vorgehensweise
Das Papier nach Belieben gestalten. Das Werk beim Gestalten mit Kreide zum Schutz mit Haarspray einsprühen und trocknen lassen.

««« o »»»

Malen zu Musik

Material
Fingerfarbe, Zeichenpapier, meditative Musik, Abspielgerät

Vorgehensweise
Die Musik abspielen. Währenddessen das Papier nach Belieben mit Hilfe eines Pinsels oder den Fingern gestalten.

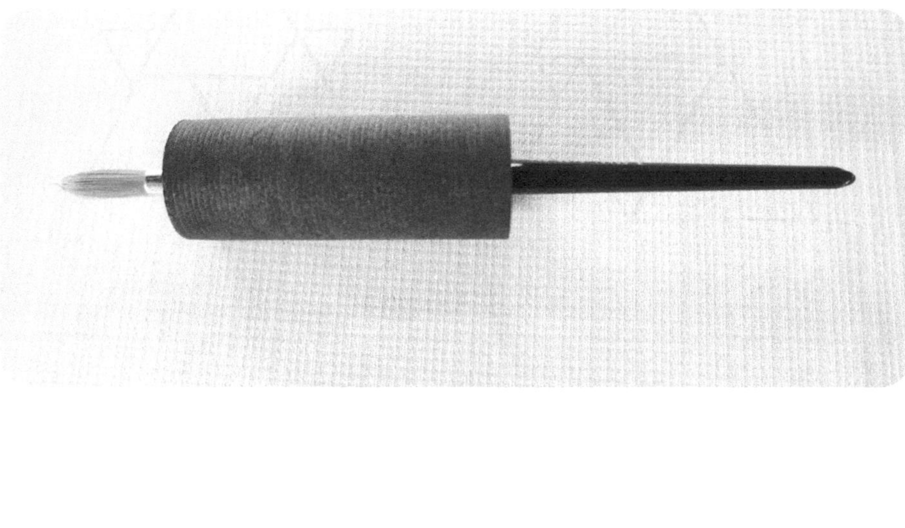

GRIFFVERSTÄRKER, FARBREDUZIERUNG, MANDALA

Benutzen Sie zum besseren Greifen gegebenenfalls einen Malerpinsel, über dessen Stiel ein Stück Rohrisolierung gezogen wird. Im Handel sind auch entsprechende Griffverstärker erhältlich (siehe auf der vorhergehenden Seite).

Mehrere Farben vermischen sich mit der Zeit zu einem Braunton. Zwei Farbtöne bereitzustellen reicht völlig aus.

Anstatt zu malen können auch Naturmaterialien zu einem Mandala gelegt werden.

«« o »»

Holzstabmalerei

Material
Aquarellpapier, Tusche, Holzstab mit abgeschrägtem Ende

Verwendung
Papiere zur Weiterverarbeitung z. B. Kalenderblätter, Grußkarten, Mappen, Lesezeichen, Tischsets, Puzzles, Collagen Wandbild

Vorgehensweise
Die Farbe auf das Papier bringen, indem das abgeschrägte Ende in die Farbe getaucht und damit über das Papier gefahren wird.

Bild im Karolook

Material

Leinwand, Paketschnur

Deckende Farbe z. B. Finger- oder Temperafarbe

Vorgehensweise

Die Leinwand vorbereiten und so mit der Schnur bespannen, dass die Leinwand in Quadrate oder Rechtecke unterteilt ist (siehe nächste Seite). Dazu 1. senkrechte und waagrechte Linien auf die Leinwand zeichnen. 2. Schnur anhand der senkrechten Linien auf der Leinwand spannen und die Schnurenden mit einem Tacker auf der Rückseite an den Rahmen heften. 3. Schnur anhand der waagrechten Linien auf der Leinwand spannen und die Schnurenden mit einem Tacker ebenfalls auf der Rückseite am Rahmen fixieren.

GROSSFORMAT

Bei großformatigen Leinwänden erhält das Gebinde Stabilität, indem die waagrecht zu spannenden Schnüre jeweils einmal um die senkrechten Schnüre geführt werden (siehe folgende Seite).

Die Formen mit Hilfe eines Borstenpinsels mit Farbe füllen. Die Schnüre nach dem Trocknen nicht entfernen.

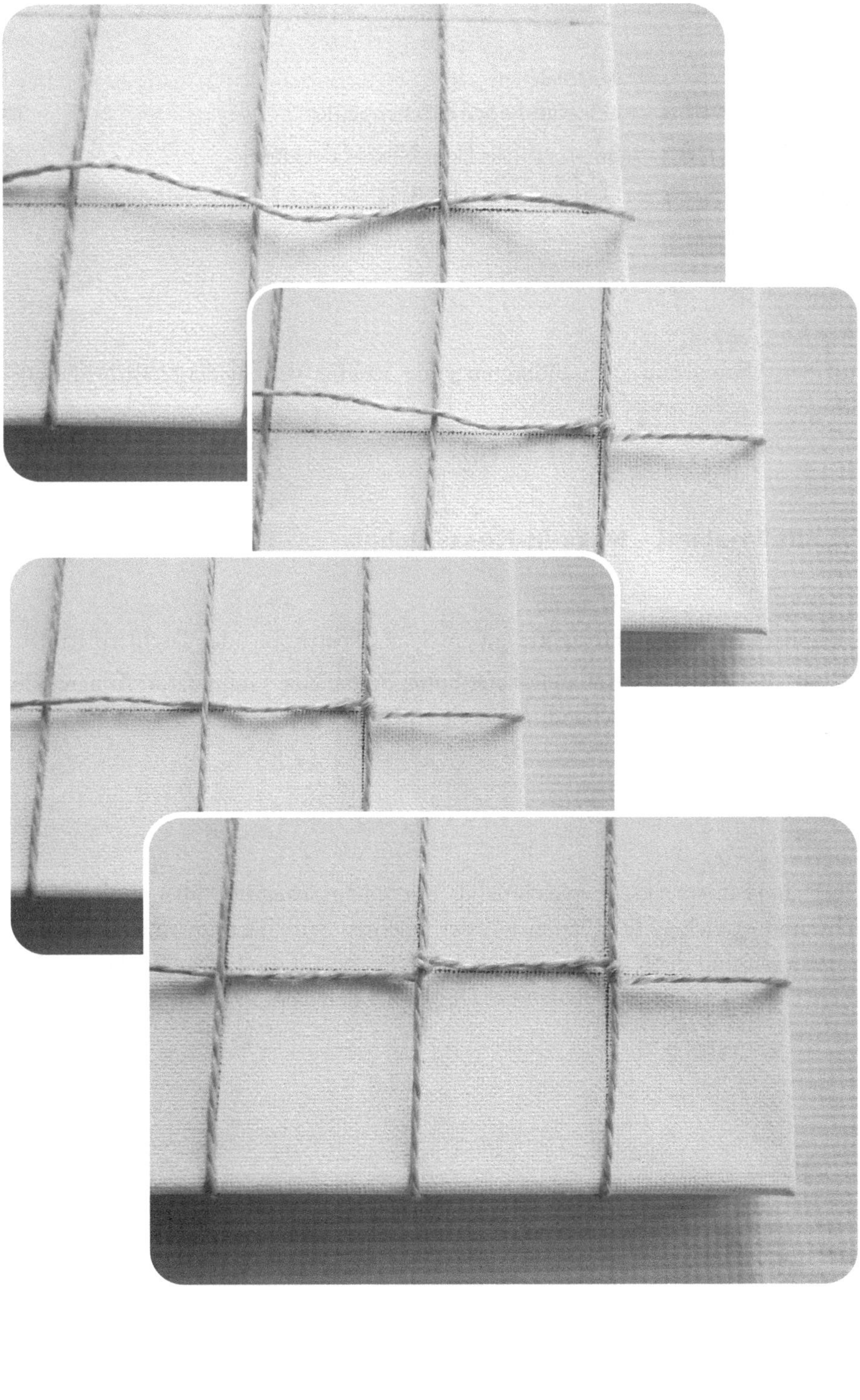

Streifenbild

Material
Leinwand oder Zeichenpapier

Borstenpinsel breit bzw. Malerpinsel

Deckende Farbe z. B. Finger- oder Temperafarbe

Vorgehensweise
Auf den Untergrund aneinandergrenzende Streifen verschiedener Farbtöne aufbringen.

«««o»»»

Aquarellmalerei – Nass-in-Nass-Technik

Material
Holzpatte (1,5 cm Span-, Sperrholz- oder Tischlerplatte)

Aquarellpapier hoher Stärke bzw. Grammatur, Aquarellklebeband, Aquarellfarben

Vorgehensweise
Über die Papierrückseite gleichmäßig mit einem feuchten, aber nicht nassen Schwamm streichen. Das Papier mit der feuchten Seite nach unten auf die Holzplatte legen und die Kanten mit Klebebandstreifen auf die Holzplatte kleben. Die obere Papierseite ebenso befeuchten. Das Papier bemalen.

Absprengtechnik

Material
Plakafarbe, Zeichenpapier, Tusche, Borstenpinsel breit bzw. Malerpinsel, Bürste z. B. Hand- und Nagelbürste

PAPIERFARBE

Die Farbe des Papiers kann nach Belieben variieren. Je nach Kombination entstehen mehr oder weniger bunte Bilder.

Vorgehensweise
Plakafarbe auf das Zeichenpapier auftragen und das Bild trocknen lassen. Das Bild mit Tusche überziehen und wieder trocknen lassen. Abplatzende Farbe vorsichtig abbürsten.

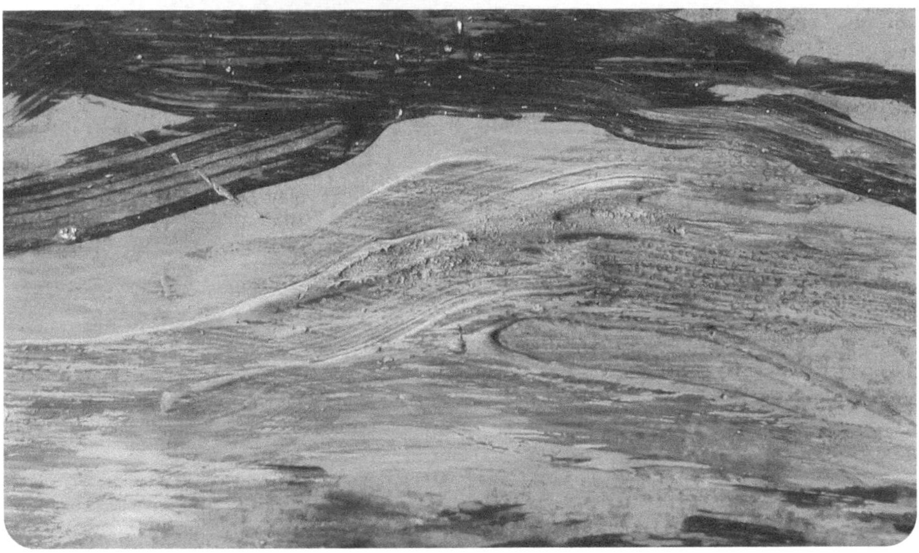

Kleistertechnik

Material
Zeichenpapier oder Tonpapier

Pulverfarbe oder Plakafarbe

Werkzeuge wie Holzstäbe oder Gabeln, Tapetenkleister, Borstenpinsel breit bzw. Malerpinsel

Verwendung
Papiere zur Weiterverarbeitung z. B. Kalenderblätter, Grußkarten, Mappen, Lesezeichen, Tischsets

Wandbild

Vorgehensweise
Den Kleister auf dem Papier auftragen. Die Farbe auf dem Kleister verteilen. Mit Werkzeugen Linien und Flächen auf dem Papier erzeugen. Dort, wo die Kleister-Farb-Mischung mit dem Werkzeug verdrängt wird, ist das Papier zu sehen.

KLEIDERSCHUTZ UND KLEISTERAUFTRAG

Stellen Sie für Teilnehmer, bei denen die Wahrscheinlichkeit hoch ist, dass die Werkstoffe an die Arme gelangen, einen entsprechenden Kleiderschutz bereit wie z. B. ein Herrenhemd. Dies empfiehlt sich auch für andere in diesem Buch beschriebene Tätigkeiten.

Den Kleister dick anrühren und großzügig auftragen, damit er nicht zu schnell trocknet.

Die Farben mischen sich auf dem Papier. Je mehr Farbtöne hinzukommen, desto mehr vermischen sich die Farben zu einem Braun. Deshalb reichen zwei Farbtöne vollkommen aus.

Faltklatschtechnik

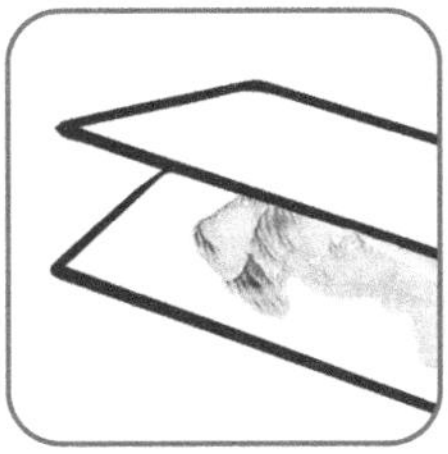

Material

Zeichenpapier oder Tonpapier

Deckende Farbe mit etwas Wasser verdünnt z. B. Finger- oder Temperafarbe

Verwendung

Papiere zur Weiterverarbeitung z. B. Geschenkpapiere, Kalenderblätter, Grußkarten, Mappen, Lesezeichen, Tischsets, Puzzles, Collagen

Wandbild

Vorgehensweise

Papier zur Hälfte falten und wieder öffnen. Farbtropfen oder Farbkleckse auf eine Seite setzen und das Papier wieder falten. Zeitungspapier darüber decken. Mit der flachen Hand oder einer Walze über das Papier streichen. Das Zeitungspapier entfernen und das Papier wieder öffnen.

EFFEKT

Je weniger Wasser beigemischt wird, desto deutlicher zeigen sich farbige Verästelungen auf dem Papier.

««« o »»»

Farbspritzen

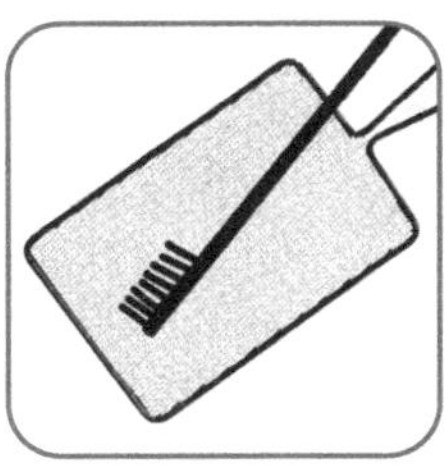

Material

Deckende Farbe, mit etwas Wasser verdünnt, oder Wasserfarbe

Zahnbürste, feines Sieb z. B. Passiersieb

Zeichenpapier, Tonpapier oder Aquarellpapier

Gegebenenfalls Schablonen

Verwendung
Papiere zur Weiterverarbeitung z. B. Kalenderblätter, Grußkarten, Mappen, Lesezeichen, Tischsets, Puzzles, Collagen

Wandbild

Variante 1
Farben durch das Sieb auf das Papier spritzen, indem mit der Zahnbürste zuerst Farbe aufgenommen und dann mit der Zahnbürste über die Sieboberfläche gerieben wird. Dabei das Sieb mit Abstand zum Papier halten.

Variante 2
Schablonen auf das Papier legen. Farben durch das Sieb spritzen, indem mit der Zahnbürste zuerst Farbe aufgenommen und dann mit der Zahnbürste über die Sieboberfläche gerieben wird. Dabei das Sieb mit Abstand zum Papier halten. Die Schablonen vorsichtig entfernen.

VERDÜNNUNG, MASCHENDRAHT-SIEB U. A.

Die Deckfarbe nicht zu stark verdünnen, da diese sonst auf das Papier tropft und kleckst.

Zur einfacheren Handhabung feinen Maschendraht mit Holzleisten rahmen (siehe unten). An gegenüberliegenden Stellen mit Vierkanthölzern von etwa sechs Zentimetern Länge Stelzen senkrecht als Abstandhalter stabil anbringen. Das Papier wird unter das Sieb gelegt.

Mit dieser Technik können auch Ostereier und andere Objekte gefärbt werden.

Murmeltechnik

Material
Schuhkarton oder Pappschachtel mit höherem Rand, Glasmurmeln

Zeichenpapier, deckende Farbe z. B. Finger- oder Temperafarbe

Verwendung
Papiere zur Weiterverarbeitung z. B. Kalenderblätter, Grußkarten, Mappen, Lesezeichen, Tischsets, Puzzles, Collagen

Wandbild

Vorgehensweise
Papier in den Karton legen und Farbkleckse darauf verteilen. Die Murmeln in den Behälter geben, durch das Bewegen des Behälters entstehen Farbspuren. Mit geschlossenem Deckel kann der Behälter auch geschüttelt werden.

FARBKONSISTENZ

Das Verhältnis von Farbkonsistenz und Murmelgröße muss stimmen. Verwenden Sie den Farbstoff unverdünnt, so müssen die Murmeln ausreichend groß und schwer sein. Bei Murmeln kleinerer Größe können Sie den Farbstoff mit etwas Wasser verdünnen.

««« o »»»

Farbenfroher Blumentopf

Material
Terrakottablumentopf unbehandelt, Plakafarbe oder Acrylfarbe

Vorgehensweise
Blumentopf mit der Öffnung nach unten zeigend aufstellen. Farbe aus der Flasche großzügig über den Topf gießen, so dass die Farbe am Rand herunterläuft.

Stufe 1

UNTERLAGE

Stellen Sie den Topf zum Trocknen auf eine Plastikunterlage und nicht auf Zeitungspapier, das Papier klebt sonst am Topf fest. Das Trocknen von Objekten auf einer Plastikunterlage empfiehlt sich für sämtliche Werk- und Bastelarbeiten mit Flüssigfarbe oder Klebstoffen.

««« o »»»

Bunte Flasche

Material
Trichter, Flasche mit Schraubverschluss, Lackfarbe, Flaschenkorb/Flaschenträger aus Kunststoff

Vorgehensweise
Farbe mit Hilfe des Trichters in die Flasche füllen und diese verschließen. Die Flasche so drehen, dass sich die Farbe in der Flasche verteilt. Die Flasche öffnen und mit der Öffnung nach unten weisend auf einer Kunststoffunterlage trocknen lassen, so dass überschüssige Farbe auslaufen kann.

««« o »»»

Webbild

Material
Webrahmen bestehend aus vier stabilen, gerade gewachsenen Zweigen oder vier Stäben gleicher Länge bespannt mit Wolle

Gegenstände zum Dekorieren z. B. Miniaturgegenstände, Stoffstreifen, Zweige, Rinde, Blumen, Blätter, Federn, Moos, Zapfen

Vorgehensweise
Verschiedene Gegenstände können durch Weben, Einspannen oder Anknoten eingearbeitet werden.

Duftanhänger

Material

Grundrezept Salzteig: 400 g Weizenmehl, 400 g Salz, 300 ml Wasser

Eine kleine Dose mit gemahlenem Gewürz z. B. Zitrone, Zimt, Vanille, Kaffee

Ausstechformen, Strohhalm

Geschenkband oder Kordeln

Vorgehensweise

Das Gewürz dem Teig zugeben und einkneten. Den Teig ausrollen und Figuren ausstechen. Jede Form mittels des Strohhalms mit einem Loch versehen, durch das später das Band gezogen werden kann. Die Formen mehrere Tage trocknen lassen.

KONSISTENZ

Gegebenenfalls noch Mehl oder Wasser hinzufügen, so dass eine Modelliermasse entsteht, die nicht klebt oder krümelt.

«««« o »»»»

Seidenmalerei – Flächengestaltung

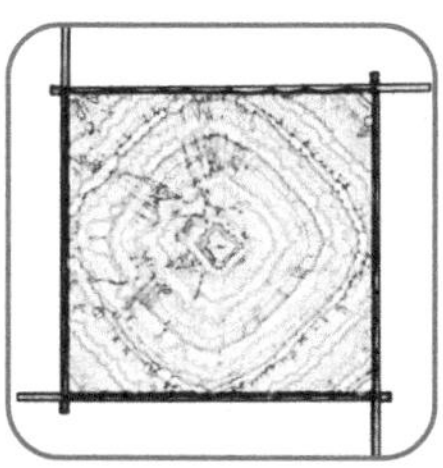

Material

Bügelfixierbare Seidenmalereifarbe, Seidentücher, Rahmen, Reißzwecken oder Nadeln, Bügelfolie, Bügeleisen, Pipette

Verwendung

Halstücher, Jongliertücher, Dekorationsstoffe usw.

Vorgehensweise

Das Tuch im Vorfeld auf einen Rahmen spannen und anfeuchten.

Nach Belieben Farbe mit der Pipette oder einem Haarpinsel auftragen. Das Werk nach dem Trocknen vom Rahmen nehmen und mit Bügelfolie fixieren.

SEIDENMALEREI – RAHMEN UND LOCHGEFAHR

Rahmen sind im Fachhandel in vielerlei Ausführungen erhältlich. Lassen Sie sich dort beraten.

Reißzwecken oder Nadeln können Löcher in den Stoff reißen, deshalb diese vorsichtig in den Rand des Tuches stecken.

«««« o »»»»

Seidenmalerei – Knülltechnik

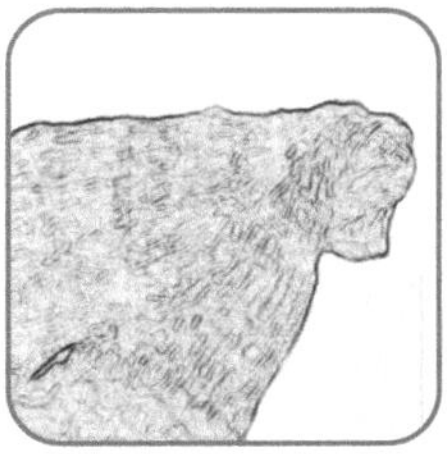

Material
Tablett aus Kunststoff, bügelfixierbare Seidenmalereifarbe, Seidentücher, Bügelfolie, Bügeleisen, Pipette

Verwendung
Halstücher, Jongliertücher, Dekorationsstoffe

Vorgehensweise
Das Tuch anfeuchten und auf dem Tablett zusammenknüllen. Die Farbe mit der Pipette oder einem Haarpinsel auf den Stoff tupfen bzw. tropfen und diesen geknüllt trocknen lassen. Die Farbe mit Bügelfolie fixieren.

«««« o »»»»

Spirale aus Watte

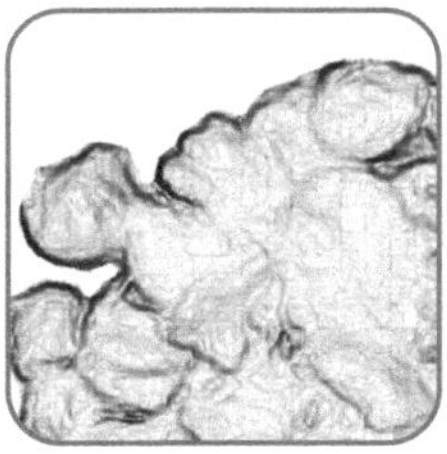

Material
Tonkarton, Wattebäusche aus Baumwolle

Vorgehensweise
Die Wattebäusche spiralförmig aufkleben. Dazu in der Blattmitte beginnen. Jeweils zuerst den Klebstoff (z. B. Bastelkleber) auf das Papier auftragen und dann den Wattebausch darauf setzen.

VARIANTE

Anstatt Wattebäuschen können ebenso Kügelchen aus geknülltem Seidenpapier mit einem Klebestift aufgeklebt werden.

Stufe 1

Fadengrafik

Material
Zeichenpapier oder Tonpapier

Tusche oder deckende Farbe z. B. Finger- oder Temperafarbe

Garn

Verwendung
Papiere zur Weiterverarbeitung z. B. Kalenderblätter, Grußkarten, Mappen, Lesezeichen, Tischsets, Puzzles, Collagen

Wandbild

Vorgehensweise
Das Papier falten und wieder öffnen. Einen eingefärbten Faden auf eine Papierseite legen und das Papier wieder falten. Dann den Faden herausziehen, dabei kann die Ziehrichtung verändert werden. Das Papier wieder vorsichtig öffnen.

WASSERBEIGABE

Beim Einsatz deckender Farbe wird nur wenig Wasser beigemischt, die Farbe verläuft ansonsten auf dem Papier.

4.2 Umsetzung als Begegnungsrunde

Eine grundlegende Einführung, wie Sie Begegnungsrunden vorbereiten, finden Sie in Kapitel 2.5: Ablauf → S. 33 bis 36.

Hauptteil: Impuls

Tastbeutel, der einen Gegenstand enthält, weiterreichen und den Gegenstand beschreiben lassen → bei dem Gegenstand kann es sich um ein Werkzeug oder ein Objekt handeln, das beim Gestalten benötigt wird

Beispiele: Aktivität und Tastgegenstand

- Motivdruck – Walze
- Blumenstecker mit Osterei – Osterei
- Bild im Karolook – Pinsel
- Duftanhänger – Ausstechform

Hauptteil: Gestaltungsphase

Stellen Sie ein Anschauungsobjekt wie einen Kunstdruck, ein fotografiertes Eigenwerk oder eine eigene Kreation bereit. Unterstützen Sie Teilnehmer bei der Umsetzung einzelner Teilschritte. Geben Sie Informationen gegebenenfalls schrittweise weiter und gehen Sie auch dementsprechend schrittweise vor. Präsentieren Sie bei Bedarf das Anschauungsobjekt und legen Sie dieses danach wieder beiseite.

Beispiele: Teilschritte

- 1. Den Teig auswellen 2. Die Figur ausstechen 3. Die Figur aufs Backblech legen
- 1. Den Klebstoff auftragen 2. Die Watte aufkleben
- 1. Das Papier falten 2. Zeitungspapier darüber legen 3. Mit der Walze darüber gleiten

Stufe 1

KREATIVITÄT UND DEMENZ

Demente Teilnehmer im fortgeschrittenen Stadium und Menschen mit ähnlicher Symptomatik werden beim Malen vielleicht nur »Klecksen« und »Schmieren«. Dies ist mit ausreichendem Kleiderschutz und bei Farben und Materialien, die sich einfach von den Händen entfernen lassen, völlig ausreichend und ebenso ein kreativer Schaffensprozess.

5. Künstlerisch Gestalten

Zu gestalten bedeutet zunächst, etwas eine Form zu geben. Dies ist ein kreativer und fantasievoller Schaffensprozess. Nicht immer ist dieser Schöpfungsprozess schon zu Beginn mit einem eindeutigen Ziel verbunden und stellt dann eine sinnliche Tätigkeit dar, die um ihrer selbst willen getan wird. Durch Einfallsreichtum und Ideenreichtum entsteht beständig Neues, oft vorher nicht Dagewesenes und Originelles.

5.1 Aktivitäten

GEBRAUCHSANWEISUNG FÜR DAS KAPITEL

Wie im vorangegangenen Kapitel sind unter »Verwendung« Ideen aufgelistet, für welche Alltags- und Dekorationsobjekte sich die beschriebenen Techniken jeweils besonders eignen. Konkrete Darstellungsmöglichkeiten werden unter »Motive« oder »Figuren« geschildert.

Die im gesamten Praxisteil beschriebenen kreativen Ideen sind so gruppiert, dass sie den theoretischen Grundlagen entsprechen (siehe Kapitel 2.3 Ideensammlung, Abschnitt Vorauswahl) und verschiedenen Schwierigkeitsgraden zugeordnet sind. Wiederholungen in Bezug auf bestimmte Techniken sind deshalb bewusst eingesetzt, um Ihnen den Umgang mit diesem Buch zu erleichtern.

Stempeln mit Linien und Formen

Untergrund
Zeichenpapier, Packpapier, Tapete, Aquarellpapier, Leinwand → raue Oberfläche

Tabletts, Teller etc. aus unterschiedlichen Materialien → flache Gegenstände, deren Oberfläche nicht zu glatt ist

Stoffe und Textilien

Stempel
Ausstechformen → mit der scharfen Kante so in eine Kartoffelhälfte eindrücken, dass der verdickte Rand als Stempelfläche dient

Schwammtücher → zusammenrollen und mit Klebeband fixieren, die Tuchkante dient als Stempelfläche

Kartonstücke → in die gewünschte Form biegen und mit Klebeband fixieren, die Kartonkante dient als Stempelfläche

Alltagsgegenstände z. B. Korken von Weinflaschen, Verschlüsse von Plastikflaschen, Mulden eines Eierkartons, Schrauben, Spülbürsten

Auf Pappstücke, Holzplatten oder Teigrollen geklebte Gegenstände z. B. Kordeln, Borten, Stoffe, Noppenfolien, Figuren aus Moosgummi, Elemente aus Wellpappe, Gebilde aus Pfeifenreiniger, Schleifpapierstücke

Auf Korken von Weinflaschen aufgeklebte Elemente z. B. Knöpfe

Mit Paketschnur umwickelte Holzquader

Früchte z. B. Apfel-, Orangen-, Zitronenhälften

Pflanzenteile z. B. Blüten, Blätter

Sonstige im Handel erwerbbare Stempel

STEMPELKISSEN

Als Stempelkissen dient ein Schwammtuch, das in eine flache Kunststoffform gelegt wird. Die Farbe gleichmäßig darauf verteilen.

Farbstoff
Finger-, Tempera-, Plaka- oder Acrylfarbe haftet auf vielen Flächen. Für Stoff, Porzellan und Glas sind im Handel spezielle Malfarben erhältlich.

Verwendung
Papiere zur Weiterverarbeitung z. B. Kalenderblätter, Grußkarten, Mappen, Lesezeichen, Tischsets, Puzzles, Memory-Spiele, Collagen

Kissenbezüge, T-Shirts, Taschen und Beutel, Tischdecken, Wandbehänge

Dekorationsgegenstände, Wandbild

Motive
Ornamente, Muster, Mandalas

Stillleben, Dinge aus der Natur

Tiere, Fantasiewesen

Landschaften wie Wälder, Gebirge, Städte

Vorgehensweise
Die Stempelfläche zuerst auf das Stempelkissen und dann auf den Untergrund drücken. Den Stempel dabei von oben nach unten auf das Papier aufsetzen und seitliche Bewegungen vermeiden.

STEMPELN

Stoff, der als Stempeluntergrund vorgesehen ist, wird vor dem Bestempeln gespannt, damit die Farbe gleichmäßig übertragen wird und gegebenenfalls nicht auf weitere Stofflagen durchdrückt. In Kleidungsstücke und Taschen wird zugeschnittene Pappe gelegt, Stoffstücke werden auf dicke Pappe gespannt und auf der Rückseite mit Klebeband oder Stecknadeln fixiert.

Gegenstände müssen zum Stempeln ausreichend stark sein, dürfen also nicht zu dünn sein. Nur so wird ein Effekt auf dem Untergrund erzielt. Lediglich ein Stück Tonkarton auf eine Trägerfläche (z. B. einen Holzquader) aufzukleben, hätte keinen Stempeleffekt.

Wählen Sie die Trägerfläche von Stempeln nicht zu groß bzw. der aufgebrachten Stempelfläche entsprechend. Je größer die Trägerfläche im Verhältnis zur Stempelfläche ausfällt, desto schwieriger ist es, den Stempel passgenau an der vorgesehenen Stelle zu plat-

zieren. Versehen Sie Holzscheiben und Holzplatten an der Oberseite mit einer Handschlaufe zur einfacheren Handhabung ähnlich wie bei einer Massage-Handbürste mit Handschlaufe (siehe Seite 69).

Beim Erzeugen eines gleichmäßigen Musters beginnen Rechtshänder an der linken Seite, um die Farbe bei weiterem Stempeln nicht zu verwischen. Den ersten Stempelabdruck nach Belieben etwas außerhalb des zu verzierenden Gegenstands aufsetzen.

Bei Holz, Ton und Gips haftet die Farbe auf unversiegelten Oberflächen besonders gut. Außerdem verrutschen Stempel beim Aufbringen der Farbe seltener. Viele Gegenstände können nach dem Trocknen durch das Aufbringen einer Lackschicht geschützt werden.

«««« o »»»»

Kirschblütenbaum

Material

Tapete ohne ausgeprägte Struktur rechteckig zugeschnitten (ca. 30 cm x 70 cm), Temperafarbe in Dunkelbraun und zartem Rosa

Durchsichtige 0,5-Liter-Plastikflasche

Vorgehensweise

Auf dem Papier mit der braunen Farbe Äste und Zweige andeuten und trocknen lassen. Mit dem Boden der Flasche rosafarbene Blüten um die Äste und Zweige stempeln.

SAUGFÄHIGER UNTERGRUND

Verwenden Sie gegebenenfalls die Rückseite der Tapete, diese ist saugfähiger. Die Tapete vor der Bearbeitung mehrmals entgegen der vorhandenen Krümmung einrollen, so dass die Tapete plan auf den Tisch gelegt werden kann.

Stempeln mit Figuren

Untergrund
Zeichenpapier, Packpapier, Tapete, Aquarellpapier, Leinwand → raue Oberfläche

Tabletts, Teller etc. aus unterschiedlichen Materialien → flache Gegenstände, deren Oberfläche nicht zu glatt ist

Stoffe und Textilien

Stempel
Figuren aus Stoff, Noppenfolie, Moosgummi, Wellpappe, Pfeifenreiniger, Schleifpapier etc.

Borten, Pflanzenblätter

Farbstoff
Finger-, Tempera-, Plaka- oder Acrylfarbe haftet auf vielen Flächen. Für Stoff, Porzellan und Glas sind im Handel spezielle Malfarben erhältlich.

Verwendung
Papiere zur Weiterverarbeitung z. B. Kalenderblätter, Grußkarten, Mappen, Lesezeichen, Tischsets, Puzzles, Memory-Spiele, Collagen

Kissenbezüge, T-Shirts, Taschen und Beutel, Tischdecken, Wandbehänge

Dekorationsgegenstände, Wandbild

Motive
Ornamente, Muster, Mandalas

Stillleben, Portraits

Dinge aus der Natur z. B. Früchte, Himmelsgestirne, Tiere

Landschaften wie Wälder, Gebirge, Städte

Vorgehensweise
Farbe auf die Figur auftragen und die Figur mit der Stempelseite auf den Untergrund auflegen. Auf die Figur ein Stück Zeitungspapier legen und mit der flachen Hand vorsichtig darüberstreichen. Das Zeitungspapier und die Figur vorsichtig vom Untergrund lösen.

NATURMATERIAL, MUSTER, FARBAUFBAU

Blätter von Pflanzen dürfen nicht zu trocken sein, sonst brechen sie beim Stempeln auseinander.

Zum Erstellen symmetrischer Muster werden auf dem Untergrund vor dem Stempeln Flächenbegrenzungen mit Bleistift aufgezeichnet, innerhalb derer dann gestempelt wird. Z.B. werden Streifen skizziert, in die dann Punktreihen gesetzt werden. Auch schlichte Mandalas können als Vorlage dienen. Nach dem Trocknen die Bleistiftzeichnungen wieder entfernen.

Wenn Farbtöne auf demselben Untergrund nicht vermischt werden sollen, muss man die Farbe zwischen den Arbeitsgängen antrocknen lassen. So werden etwa zuerst mit gelber Farbe Muster gestempelt, dann die Papiere zum Trocknen ausgelegt, und schließlich beim zweiten Farbauftrag Gebilde mit blauer Farbe gestaltet. Acrylfarbe trocknet rasch.

«««« o »»»»

Schablonentechnik

Schablone
Figur in Form eines Rahmens gestalten. Das heißt, aus einem Karton oder festem Papier wird eine Figur ausgeschnitten, so dass sich eine Art Fenster in dem Karton ergibt.

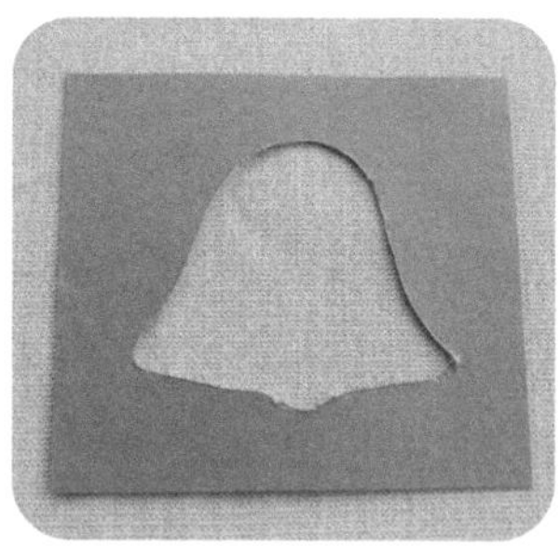

Farbstoff
Finger-, Tempera-, Plaka- oder Acrylfarbe haftet auf vielen Flächen. Für Stoff, Porzellan und Glas sind im Handel spezielle Malfarben erhältlich.

Untergrund
Zeichenpapier, Packpapier, Tapete, Aquarellpapier, Leinwand → raue Oberfläche

Tabletts, Teller etc. aus unterschiedlichen Materialien → flache Gegenstände, deren Oberfläche nicht zu glatt ist

Stoffe und Textilien

Verwendung
Papiere zur Weiterverarbeitung z. B. Kalenderblätter, Grußkarten, Mappen, Lesezeichen, Tischsets, Puzzles, Memory-Spiele, Collagen

Kissenbezüge, T-Shirts, Taschen und Beutel, Tischdecken, Wandbehänge

Dekorationsgegenstände, Wandbild

Motive
Muster, Ornamente, Schriftzeichen

Früchte und andere Dinge aus der Natur

Vorgehensweise
Die Schablone auf den Untergrund legen und die Farbe mit einem Schwamm innerhalb des Figurenumrisses auftupfen.

AUSSCHMÜCKUNG

Vereinfachte Formen können nach dem Trocknen mit entsprechenden Stiften ausgeschmückt werden.

«««« o »»»»

Stempeln mit Pinselabdrücken

Untergrund
Leinwand, Zeichenpapier, Tonpapier, Packpapier, Tapete, Aquarellpapier

Tabletts, Teller, Vasen, Gläser etc. aus unterschiedlichen Materialien → Oberfläche nicht zu glatt

Stoffe und Textilien

Farbstoff
Finger-, Tempera-, Plaka- oder Acrylfarbe haftet auf vielen Flächen. Für Stoff, Porzellan und Glas sind im Handel spezielle Malfarben erhältlich.

Verwendung
Papiere zur Weiterverarbeitung z. B. Kalenderblätter, Grußkarten, Mappen, Lesezeichen, Tischsets, Puzzles, Memory-Spiele, Collagen

Kissenbezüge, T-Shirts, Taschen und Beutel, Tischdecken, Wandbehänge

Dekorationsgegenstände, Wandbild

Motive
Ornamente, Muster, Mandalas

Landschaften wie Wiesen, Wälder, Gebäude

Dinge aus der Natur wie Tiere, Pflanzen

Fantasiewesen

PINSELARTEN

Borstenpinsel hinterlassen kantige Abdrücke wie bei Fischschuppen oder Mauersteinen von Gebäuden oder Brücken. Haarpinsel bewirken tropfenförmige, längliche Abdrücke wie bei Blüten, Gräsern, Tierbeinen oder Gefieder.

Vorgehensweise
Einen Haarpinsel oder Borstenpinsel in die Farbe eintauchen. Dann den Pinsel an der Spitze ansetzen und bis zum Schaft mit nicht zu starkem Druck auf das Papier setzen.

«««« o »»»»

Stempeln mit Fingerabdrücken

Untergrund
Dekorationsgegenstände, Papiere, Stoffe und Textilien

Farbstoff
Finger-, Tempera-, Plaka- oder Acrylfarbe haftet auf vielen Flächen. Für Stoff, Porzellan und Glas sind im Handel spezielle Malfarben erhältlich.

Verwendung
Papiere zur Weiterverarbeitung z. B. Geschenkpapiere, Kalenderblätter, Grußkarten, Mappen, Lesezeichen, Tischsets, Puzzles, Memory-Spiele, Collagen

Kissenbezüge, T-Shirts, Taschen und Beutel, Tischdecken, Wandbehänge

Wandbild

Motive
Ornamente, Muster, Mandalas

Darstellung runder und ovaler Elemente z. B. Mensch, Schneemann, Blüte, Kiwi, Luftballon, Gesicht, Käfer, Hund

Vorgehensweise
Den Finger in die Farbe und dann auf den Untergrund aufdrücken. Nach dem Trocknen kann ein Bild mit Einzelheiten versehen werden. Besonders gut gelingt dies mit Filzstiften.

PAPIER FIXIEREN, VARIANTE

Kleben Sie Papiere gegebenenfalls mit Kreppband am Tisch fest, damit diese beim Gestalten nicht verrutschen. Auch bei vielen anderen in diesem Buch beschriebenen Malarbeiten kann dies für Einzelne die Arbeit an ihrem Werk erleichtern.

Idee: Einen Baumstamm mit Zweigen und Ästen aufmalen oder ausdrucken und mit Fingerabdrücken als Blätter versehen.

««« o »»»

Drucken mit Druckplatten

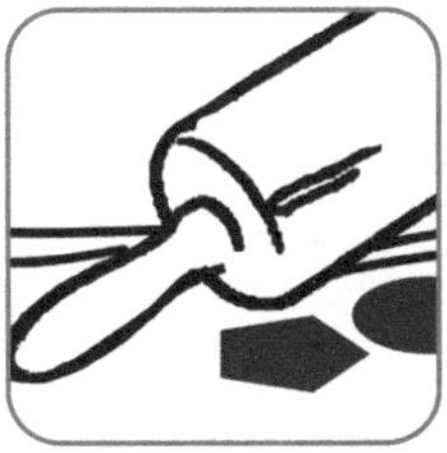

Trägermaterial
Zeichenpapier, Packpapier, Tapete oder Aquarellpapier → raue Oberfläche

Tabletts, Teller etc. aus unterschiedlichen Materialien → flache Gegenstände, deren Oberfläche nicht zu glatt ist

Stoffe und Textilien

Druckplatte
Zum Drucken können ähnliche Gegenstände wie beim Stempeln verwendet werden, solange das Material keine starken Höhenunterschiede aufweist. Die Gegenstände nach Belieben auf eine Holzplatte oder auf Pappe kleben.

Farbstoff
Linoldruckfarbe oder andere deckende Farbe

Verwendung
Papiere zur Weiterverarbeitung z. B. Geschenkpapiere, Kalenderblätter, Grußkarten, Mappen, Lesezeichen, Tischsets, Puzzles, Collagen

Kissenbezüge, T-Shirts, Taschen und Beutel, Tischdecken, Wandbehänge

Dekorationsgegenstände, Wandbild

Motive
Ornamente, Muster, Mandalas, Schriftzeichen

Portraits, Stillleben, Fantasiegebilde

Landschaften wie Wiesen, Wälder, Gebirge, Städte

Dinge aus der Natur wie Tiere, Himmelsgestirne, Pflanzen, Früchte

Vorgehensweise
Farbe mit einem Pinsel oder einer Walze auf die Druckplatte aufbringen. Das Trägermaterial auf die Druckplatte auflegen und darüber ein Zeitungspapier legen. Mit einer Walze, einem Nudelholz oder den flachen Händen darüberstreichen. Das Zeitungspapier und das Trägermaterial vorsichtig entfernen.

DRUCKFARBE, STOFF, FARBAUFBAU

Zum Drucken mit Druckplatten ist Linoldruckfarbe aufgrund seiner Konsistenz am besten geeignet. Alternativ können dieselben Farbstoffe wie beim Stempeln eingesetzt werden.

Stoff wie zum Bestempeln spannen.

Mischen Sie Farben wie beim Stempeln gegebenenfalls vor dem Auftragen auf die Druckerplatte und lassen Sie jeden Farbton einzeln, also partiell, aufpinseln.

Marmorieren

Material
Aquarellpapier oder Zeichenpapier

Marmorierfarbe, flache Auflaufform

Verwendung
Papiere zur Weiterverarbeitung z. B. Kalenderblätter, Grußkarten, Mappen, Lesezeichen, Tischsets, Puzzles, Collagen

Wandbild

Vorgehensweise
Das Gefäß mit Wasser füllen. Mit einem Haarpinsel Marmorierfarbe auf die Wasseroberfläche tropfen. Die Farbe mit dem Pinsel auf der Wasseroberfläche nach Belieben verteilen, so dass Muster auf dem Wasser entstehen. Das Papier vorsichtig auf die Wasseroberfläche auflegen. Das Papier an den oberen Ecken fassen und vorsichtig vom Wasser lösen bzw. abziehen. Das Papier abtropfen lassen und zum Trocknen auslegen.

«««o»»»

Papier schöpfen

Material
Altpapierschnipsel z. B. aus Zeitungen, Messbecher, Handrührgerät, Rührlöffel

Wanne, Schöpfrahmen, saugstarke Baumwolltücher, Wäscheständer oder Bügeleisen

Verwendung
Papiere zur Weiterverarbeitung z. B. Kalenderblätter, Grußkarten, Mappen, Lesezeichen, Tischsets, Puzzles, Collagen

Briefpapier

Stufe 2

Vorgehensweise

Papierschnipsel und Wasser mit einem Handrührgerät rühren, bis ein einheitlicher Papierbrei entsteht. Bei zwei Doppelseiten einer Tageszeitung werden 750 ml Wasser benötigt. Den Papierbrei in die mit 5 Litern Wasser gefüllte Wanne geben und alles vermischen.

Den Schöpfrahmen in das Wasser tauchen. Den Rahmen langsam und waagrecht so aus dem Wasser herausnehmen, dass sich die Papierfasern gleichmäßig verteilen. Den Schöpfrahmen auf einem mit einem Zeitungsstapel unterlegtem Tuch abtropfen lassen.

Den Schöpfrahmen vorsichtig auf einem weiteren mit einem Tuch bedeckten Zeitungsstapel aufsetzen und umkippen. Mit leichtem Druck mit einem trockenen Tuch über den Schöpfrahmen streichen.

Den Schöpfrahmen von einer Seite beginnend langsam anheben, so dass die Papierschicht auf der Unterlage liegen bleibt. Die Papierschicht mit einem weiteren trockenen Tuch und einer Zeitungslage abdecken. Mit einer Nudelrolle über die Papierschichten fahren.

Das Papier auf dem Tuch belassen und an einem Wäscheständer zum Trocknen aufhängen oder mit einem Bügeleisen auf Baumwollstufe trocknen. Dazu ein weiteres Tuch zwischen Papier und Bügeleisen legen.

PAPIERSCHÖPFEN ALS GRUPPENAKTIVITÄT

Bereiten Sie für eine Gruppenaktivität eine größere Menge an Papierbrei vor, mit dem Sie die zum Schöpfen hergestellte Papiermasse immer wieder anreichern können.

Frottage

Material
Gegenstände mit ausgeprägten Konturen wie Münzen, Federn, Blätter von Bäumen, Pflanzenteile, Spitzen und Bordüren, Sandpapierfiguren, Schnüre

Wachsmalblöcke, Architektenpapier oder Butterbrotpapier

Verwendung
Wandbild, Collagen

Motive
Muster, Mandalas, Fantasiegebilde

Stillleben, Landschaften wie Wiesen, Wälder, Gebirge, Städte

Dinge aus der Natur wie Tiere, Pflanzen

Vorgehensweise
Unter das Papier Gegenstände legen, diese können vorher auch auf Tonkarton arrangiert und geklebt werden. Durch das Reiben mit der Wachsmalfarbe auf dem Papier werden die Konturen der Gegenstände sichtbar.

FROTTAGE

Die Gegenstände dürfen nicht zu dick sein, verwenden Sie flache Gegenstände. Beim Bemalen des Papiers reißt dieses, wenn die Höhenunterschiede zwischen einzelnen Elementen zu groß sind.

Wenn Sie keine Wachsmalblöcke (siehe Seite 50/51) beschaffen können, dann stellen Sie Wachsmalstifte zur Verfügung. Diese werden dann auf das Papier aufgelegt und mit der größten Fläche über das Papier bewegt.

Stufe 2

Zeitungspapier-Landschaft

Material
Tonkarton, Wasserfarbe oder Fingerfarbe

Verwendung
Wandbild

Motive
Landschaften mit Gebäuden, Lebewesen, Pflanzen, Himmelsgestirnen etc.

Landschaften als Situationsaufnahmen wie Stadt bei Nacht, Dorf bei Schneefall

Vorgehensweise
Aus Zeitungspapier gerissene oder geschnittene Formen auf dem Tonpapier arrangieren und festkleben (z. B. mit Bastelkleber). Einzelne Formen können übermalt werden.

FARBIGKEIT

Die Farbigkeit des Tonpapiers wird vom Motiv bestimmt. Bei Nachtszenen ist das Papier in dunkleren Farbtönen gehalten wie Schwarz oder Dunkelblau, bei Tagszenen in helleren Farbtönen wie Gelb oder Hellblau.

««« o »»»

Papier-Collage

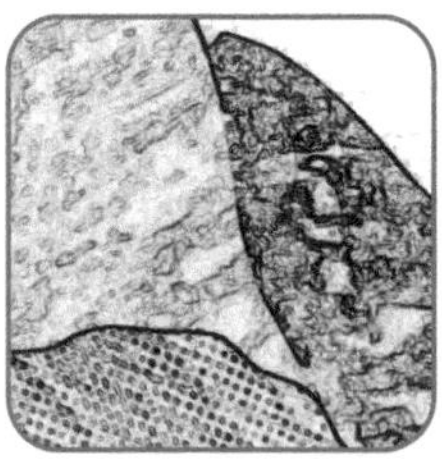

Material
Papiere, Kartons, Zeitungspapiere, Illustrationen etc.

Tonkarton

Motive
Portraits, Stillleben

Landschaften wie Gebirge, Strände, Felder, Städte

Dinge aus der Natur wie Lebewesen, Pflanzen

Fantasiegebilde, Flächenkompositionen, Farbkompositionen, Muster, Mandalas

Kompositionen aus Buchstaben, Wörtern und Sätzen

Vorgehensweise
Ausschnitte aus Papier und Karton auf Tonkarton anordnen und festkleben. Variationen:

- Schneiden oder Reißen des Papiers
- gleiche oder unterschiedliche Oberflächenstruktur
- gleiche oder unterschiedliche Größe
- gleiche oder unterschiedliche Form
- derselbe Farbton oder unterschiedliche Farbtöne bzw. ein Farbton in Farbabstufungen oder Nutzung von Farbkontrasten

KONTURSCHEREN UND KOPIEN STATT ORIGNALE

Mit Konturen- und Musterscheren lassen sich auf einfache Weise tolle Effekte erzielen. Die Handhabung dieser Scheren sollte in einer vorhergehenden Übung vorgestellt und von Teilnehmern selbst erprobt werden.

Fotografien, Zeichnungen und dergleichen müssen nicht als Original verwendet werden. Hier reichen auch hochwertige Kopien. Eine wahre Fundgrube an Bildern sind Kataloge.

««« o »»»

Papierreißen – Gegenstände bekleben

Material
Gegenstände aus Pappe z. B. Dosen, Schachteln
Dünnes Buntpapier oder Seidenpapier
Tapetenkleister

Verwendung
Dekorationsgegenstände, Behälter für kleine Geschenke

Vorgehensweise
Einzelne Flächen partiell zuerst mit Klebstoff bepinseln und dann mit Papierschnipseln bekleben. Diesen Vorgang mehrmals wiederholen, so dass die Papierschnipsel insgesamt mindestens dreilagig aufgebracht sind.

KLEISTERAUFTRAG UND ABFÄRBEN

Weisen Sie darauf hin, dass nicht zu viel Kleister aufgetragen werden sollte. Die Papierschnipsel rutschen sonst auf der Unterlage und ein gezieltes Platzieren der Papierschnipsel wird schwierig.

Seidenpapier färbt durch den Kontakt mit Kleister auf angrenzende Papierschnipsel ab, dadurch entstehen fließende Übergänge. Bei einfarbiger Gestaltung spielt dies keine Rolle, bei mehrfarbiger Gestaltung muss dies in Kauf genommen werden.

«««« o »»»»

Zeichnen – freies Gestalten

Material
Bleistifte, Holzfarbstifte, Künstlerstifte, Wachsmalstifte, Tintenstifte, Kohlestifte oder Pastellkreide

Papierwischer, Radierstifte, Radiergummis, Watte, Pinsel, Schmirgelpapier

Zeichenpapier hoher Grammatur

Gegebenenfalls Haarspray

Motive
Fantasiegebilde, Schriftzeichen, Farbkompositionen, Flächenkompositionen, Muster

Portraits, Stillleben, Landschaften wie Wüsten, Felder, Wiesen, Wälder, Strände, Gebirge, Gewässer, Städte, Dörfer

Dinge aus der Natur wie Tiere, Menschen, Pflanzen, Früchte

Darstellungen mit fließenden Übergängen wie Schmetterlinge, Regenbögen, Sonnenuntergänge, Unterwasserwelten, Uferstriche

Vorgehensweise
Das Motiv mit den ausgewählten Farben zu Papier bringen. Das Werk beim Gestalten mit Kreide zum Schutz mit Haarspray einsprühen und trocknen lassen.

HILFESTELLUNGEN

Zeichnen Sie eine Linie oder eine geometrische Figur zum Weiterzeichnen auf das Papier, falls Teilnehmer vor einem leeren Blatt Hemmungen zeigen.

Buchtipp: Zwar ein Kinderbuch, aber trotzdem ideal für unsichere Teilnehmer und Einsteiger ist die »Zeichenschule für kleine Künstler« von Alex Bernfels.

Beim Zeichnen von Gegenständen hilft auch das sinnliche Erfassen. Der Gegenstand oder das Objekt wird dann vor dem Zeichnen mit den Händen betastet.

Je dichter Striche mit gleicher Richtung aneinander liegen, desto dunkler wirkt der Farbton. Auch das Ausmaß des Drucks, mit dem ein Stift geführt wird, bestimmt die Farbwirkung. Ein Objekt wirkt räumlich, indem dunklere Schattenbereiche hellen Lichtbereichen gegenüber stehen. Das heißt, indem Striche mit Abstand voneinander gezeichnet werden, entsteht ein Gefühl von Weite. Wenn Striche nahe aneinander und überkreuz bzw. mit unterschiedlicher Richtung aufgezeichnet werden, entsteht ein Gefühl von Enge. Wenn Stifte in einem flachen Winkel auf das Papier aufgesetzt werden, können größere Flächen bearbeitet und verschiedene Farbtöne übereinander aufgetragen werden. Fließende Farbverläufe und Übergänge werden geschaffen, indem Farbflächen mit dem Finger, mit Watte oder einem Pinsel bearbeitet werden (Verwischen). Helle Flecken oder Lichtreflexe sind mit Radiergummis jeglicher Art oder feinem Schmirgelpapier gestaltbar.

Zeichnen – Abpausen

Material
Butterbrotpapier oder Architektenpapier, Wachsmalstifte

Motive
Portraits, Stillleben, Landschaften wie Wüsten, Felder, Wiesen, Wälder, Strände, Gebirge, Gewässer, Städte, Dörfer

Dinge aus der Natur wie Lebewesen, Pflanzen

Fantasiegebilde, Flächenkompositionen, Farbkompositionen, Muster

Vorgehensweise
Das Papier auf die Vorlage legen und die wichtigsten Linien mit einem Stift nachzeichnen. Das Papier von der Vorlage nehmen und das Motiv mit den ausgewählten Farben durch das Zeichnen und Malen von Details zu Papier bringen.

««« o »»»

Malen – freies Gestalten

Material
Zeichenpapier oder Leinwand, Pinsel in verschiedenen Größen

Deckende Farben wie Temperafarbe oder Acrylfarbe

Motive
Fantasiegebilde, Schriftzeichen, Farbkompositionen, Flächenkompositionen, Muster

Portraits, Stillleben, Landschaften wie Wüsten, Felder, Wiesen, Wälder, Strände, Gebirge, Gewässer, Städte, Dörfer

Dinge aus der Natur wie Tiere, Menschen, Pflanzen, Früchte

Vorgehensweise
Das Motiv mit den ausgewählten Farben zu Papier bringen.

PINSEL

Stellen Sie für jeden Farbton einen separaten Pinsel bereit.

Holzstabmalerei

Material
Aquarellpapier, Tusche, Holzstab mit abgeschrägtem Ende

Verwendung
Papiere zur Weiterverarbeitung z. B. Kalenderblätter, Grußkarten, Mappen, Lesezeichen, Tischsets, Puzzles, Collagen

Wandbild

Motive
Schriftzeichen, Muster, Flächenkompositionen

Dinge aus der Natur, Landschaften, Portraits, Stillleben

Vorgehensweise
Das Motiv auf das Papier bringen, indem das abgeschrägte Ende in die Farbe getaucht und damit über das Papier gefahren wird.

«««o»»»

Aquarellmalerei

Material
Holzpatte (1,5 cm Span-, Sperrholz- oder Tischlerplatte)

Aquarellpapier, Aquarellklebeband, Aquarellstifte

Motive
Fantasiegebilde, Schriftzeichen, Farbkompositionen, Flächenkompositionen, Muster, Mandalas

Portraits, Stillleben, Landschaften wie Wüsten, Felder, Wiesen, Wälder, Strände, Gebirge, Gewässer, Städte, Dörfer

Dinge aus der Natur wie Tiere, Menschen, Pflanzen, Früchte

Darstellungen mit fließenden Übergängen wie Regenbögen, Sonnenuntergänge, Unterwasserwelten, Sturmszenen

Vorgehensweise
Über die Papierrückseite gleichmäßig und zügig mit einem feuchten, aber nicht nassen Schwamm streichen. Das Papier mit der feuchten Seite nach unten auf die Holzplatte legen und die Kanten mit Klebebandstreifen an die Holzplatte kleben. Alles noch einmal andrücken und trocknen lassen. Das Papier bemalen.

BEFESTIGUNG

Kleben Sie das Klebeband zur Hälfte auf das Aquarellpapier und zur Hälfte auf die Holzplatte, so dass eine Art Klebebandrahmen entsteht.

Fließende Übergänge entstehen, wenn mit einem Wasserpinsel über die Farbe gestrichen wird.

«««« o »»»»

Kleistertechnik

Material
Zeichenpapier oder Tonpapier

Pulverfarbe oder Plakafarbe

Werkzeuge wie Holzstäbe oder Gabeln, Tapetenkleister, Borstenpinsel breit bzw. Malerpinsel

Verwendung
Papiere zur Weiterverarbeitung z. B. Kalenderblätter, Grußkarten, Mappen, Lesezeichen, Tischsets

Wandbild

Vorgehensweise
Den Kleister auf dem Papier auftragen. Die Farbe auf dem Kleister verteilen. Mit Werkzeugen Linien und Flächen auf dem Papier erzeugen. Dort, wo die Kleister-Farb-Mischung mit dem Werkzeug verdrängt wird, ist das Papier zu sehen.

KLEISTERAUFTRAG

Den Kleister dick anrühren und großzügig auftragen, damit er nicht zu schnell trocknet. Die Farben mischen sich auf dem Papier. Je mehr Farbtöne hinzukommen, desto mehr vermischen sich die Farben zu einem Braun. Deshalb reichen zwei Farbtöne vollkommen aus.

«««« o »»»»

Graphitwischen

Material
Aquarellpapier oder Zeichenpapier

Schablone aus Fotokarton

Graphitpulver, Pastellkreiden oder Wachsmalstifte

Verwendung
Papiere zur Weiterverarbeitung z. B. Kalenderblätter, Grußkarten, Mappen, Lesezeichen, Tischsets, Collagen

Wandbild

Motive
Motive mit fließenden Übergängen wie Schmetterlinge, Spiegelungen im Wasser, Himmelsansichten, Regenbögen, Sonnenuntergänge, Unterwasserwelten, Sturmszenen, Uferstriche, Wüstenszenen

Dinge aus der Natur wie Pflanzen, Früchte, Tiere

Stillleben, Porträts

Variante 1
Das Pulver mit einem Borstenpinsel auf den Rand der Schablone tupfen. Die Schablone auf das Papier legen und das Pulver mit dem Pinsel über den Rand der Schablone wischen.

Variante 2
Mit Pastellkreide den Rand der Schablone bemalen. Die Schablone auf das Papier legen und die Farbspuren mit einem Borstenpinsel über den Rand der Schablone wischen. Das Werk zum Schutz mit Haarspray einsprühen und trocknen lassen.

Variante 3
Mit Wachsmalkreide den glatten Rand der Schablone bemalen. Die Schablone auf das Papier legen und die Farbspuren mit dem Finger über den Rand der Schablone wischen.

Bilder oben: Umrissformen – Streichen nach innen
Bilder unten: Ausgeschnittene Form – Streichen nach außen

GRAPHITWISCHEN

Sowohl die ausgeschnittene Form als auch die Umrissform können zum Graphitwischen verwendet werden. Bei ausgeschnittenen Figuren wird die Farbe nach außen und bei Umrissformen bzw. Rahmen nach innen gestrichen.

Achtung: Graphit nicht einatmen, Finger so schnell wie möglich säubern!

Figuren können in einem Arbeitsgang übereinander oder nebeneinander gesetzt werden. Dadurch entstehen helle und dunkle Bildpunkte bzw. werden plastische Effekte erzielt. Grußkarten können mit dieser Technik ebenso gestaltet werden.

««« o »»»

Bild im Karolook

Material
Leinwand, Paketschnur
Deckende Farbe

Vorgehensweise
Die Leinwand so mit der Schnur bespannen, dass die Leinwand in Quadrate oder Rechtecke unterteilt ist (siehe Seite 82). Dazu 1. senkrechte und waagrechte Linien auf die Leinwand zeichnen. 2. Schnur anhand der senkrechten Linien auf der Leinwand spannen und die Schnurenden mit einem Tacker auf der Rückseite an den Rahmen heften. 3. Schnur anhand der waagrechten Linien auf der Leinwand spannen und die Schnurenden mit einem Tacker ebenfalls auf der Rückseite am Rahmen fixieren. Die Formen mit Hilfe eines Borstenpinsels mit Farbe füllen. Die Schnüre nach dem Trocknen nicht entfernen.

GROSSFORMAT

Bei großformatigen Leinwänden erhält das Gebinde Stabilität, indem die waagrecht zu spannenden Schnüre jeweils einmal um die senkrechten Schnüre geführt werden **(siehe Seite 83).**

Streifenbild

Material

Leinwand oder Zeichenpapier

Borstenpinsel breit bzw. Malerpinsel

Deckende Farbe z. B. Plakafarbe oder Fingerfarbe

Vorgehensweise

Auf den Untergrund aneinandergrenzende Streifen verschiedener Farbtöne aufbringen. Die Struktur durch das Aufbringen schwarzer und weißer Farbe zwischen den Streifen auflockern.

ANREGUNGEN STREIFENBILD

Linien müssen nicht durchgängig von einer Leinwandseite zur anderen gezogen werden.

Auch können einzelne Streifenabschnitte mit entsprechenden Farbnuancen aufgehellt oder verdunkelt werden.

Fließende Übergänge gelingen durch das Aufbringen von etwas Wasser auf angrenzende Farbflächen.

«««« o »»»»

Formenmalerei

Material

Tonkarton hell, Holzfarbstifte oder Wachsmalstifte

Verwendung

Papiere zur Weiterverarbeitung z. B. Kalenderblätter, Grußkarten, Mappen, Lesezeichen, Tischsets, Puzzles

Wandbild

Vorgehensweise
Auf das Papier mit einem Filzstift nach Belieben sich überschneidende Linien zeichnen. So entstehen Formen. Die Formen mit Farbe füllen.

«««« o »»»»

Aquarellmalerei – Nass-in-Nass-Technik

Material
Holzpatte (1,5 cm Span-, Sperrholz- oder Tischlerplatte)

Aquarellpapier, Aquarellklebeband, Aquarellfarben

Motive
Landschaften wie Wüsten, Felder, Wiesen, Wälder, Strände, Gebirge, Gewässer

Darstellungen mit fließenden Übergängen wie Schmetterlinge, Spiegelungen im Wasser, Himmelsansichten, Regenbögen, Sonnenuntergänge, Unterwasserwelten, Sturmszenen, Uferstriche

Farbkompositionen

Vorgehensweise
Über die Papierrückseite gleichmäßig mit einem feuchten, aber nicht nassen Schwamm streichen. Das Papier mit der feuchten Seite nach unten auf die Holzplatte legen und die Kanten mit Klebebandstreifen auf die Holzplatte kleben. Die obere Papierseite ebenso befeuchten. Das Papier bemalen.

«««« o »»»»

Nass-in-Nass-Malerei mit Wasserfarben

Material
Holzpatte (1,5 cm Span-, Sperrholz- oder Tischlerplatte)

Zeichenpapier, Wassermalfarben

Motive
Landschaften wie Wüsten, Felder, Wiesen, Wälder, Strände, Gebirge, Gewässer

Darstellungen mit fließenden Übergängen wie Schmetterlinge, Spiegelungen im Wasser, Himmelsansichten, Regenbögen, Sonnenuntergänge, Unterwasserwelten, Sturmszenen, Uferstriche

Farbkompositionen

Vorgehensweise
Das Papier auf beiden Seiten anfeuchten. Die Farbe auftragen und das Motiv gestalten.

FEUCHTHALTEN UND WASSERANTEIL

Wenn Sie feuchtes Zeitungspapier unter das angefeuchtete Zeichenpapier legen bleibt der Maluntergrund länger nass. Das Zeichenpapier gegebenenfalls mit dem Schwamm abtupfen, wenn sich nach dem Befeuchten Pfützen darauf bilden.

Die Wasserfarbe nur mit wenig Wasser vermischen, da die Farben ansonsten stark verblassen. Anstatt Wasserfarbe kann auch Tusche verwendet werden, Tusche behält seine Leuchtkraft länger.

««« o »»»

Wachsmaltechnik mit Stiften

Material
Zeichenpapier oder Aquarellpapier hoher Grammatur

Kerzen oder Wachsmalstifte

Beize oder Tusche

Borstenpinsel breit bzw. Malerpinsel

Baumwolltuch oder Küchenpapier

Motive
Landschaften wie Wüsten, Felder, Wiesen, Wälder, Strände, Gebirge, Gewässer

Landschaften mit Gebäuden, Lebewesen, Pflanzen, Himmelsgestirnen etc.

Landschaften als Situationsaufnahmen wie Stadt bei Schneefall, Meer bei Sonnenaufgang

Farbkompositionen

Variante 1
Das Motiv mit einer Kerze, die wie ein Stift gehalten wird, auf das Papier auftragen. Das Papier mit der flüssigen Farbe überstreichen. Die Farbe dringt nur dort in das Papier ein, wo kein Wachs aufgetragen wurde. Die Farbschicht mit dem Tuch abtupfen, jedoch nicht vollständig entfernen.

Variante 2
Das Motiv anstatt der Kerze mit Wachsmalstiften auftragen. Das Papier ebenso mit der flüssigen Farbe überstreichen und die Farbschicht mit dem Tuch wie oben beschrieben abtupfen.

FARBIGKEIT UND WACHSANTEIL

Die Farbe des Papiers und Farbtöne des Farbstoffs können nach Belieben variieren. Je nach Kombination entstehen mehr oder weniger bunte Bilder.

Verwenden Sie Kerzen und Wachsmalstifte guter Qualität mit hohem Wachsanteil, damit Konturen später deutlich zu sehen sind.

««« o »»»

Absprengtechnik

Material
Plakafarbe, Zeichenpapier, Tusche, Borstenpinsel breit bzw. Malerpinsel, Bürste z. B. Hand- und Nagelbürste

Motive
Landschaften wie Wüsten, Felder, Wiesen, Wälder, Strände, Gebirge, Gewässer

Landschaften mit Gebäuden, Lebewesen, Pflanzen, Himmelsgestirnen etc.

Landschaften als Situationsaufnahmen wie Stadt bei Schneefall, Meer bei Sonnenaufgang

Farbkompositionen

Vorgehensweise
Das Motiv mit Plakafarbe auf das Zeichenpapier auftragen und das Bild trocknen lassen. Das Bild mit Tusche überziehen und wieder trocknen lassen. Abplatzende Farbe vorsichtig abbürsten.

FARBIGKEIT UND DECKFARBENAUFTRAG

Die Farbe des Papiers und die Farbtöne der Farbstoffe können nach Belieben variieren. Je nach Kombination entstehen mehr oder weniger bunte Bilder.

Die Deckfarben dick und nicht übereinander auftragen, damit die Deckfarben später gut zu sehen sind. Dort wo keine Deckfarbe aufgetragen wurde, färbt sich das Papier im Farbton der verwendeten Tusche. Dieser Effekt kann genutzt werden, um die Wirkung des Motivs auf Betrachter zu verstärken.

««« o »»»

Wachsbügeltechnik

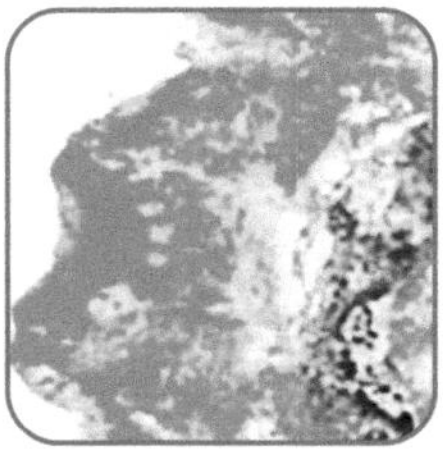

Material
Architektenpapier oder Butterbrotpapier

Bügeleisen, Wachsmalstifte

Verwendung
Papiere zur Weiterverarbeitung z. B. Kalenderblätter, Grußkarten, Mappen, Lesezeichen, Tischsets, Puzzles, Fensterbilder, Laternen

Wandbild

Motive
Darstellungen mit fließenden Übergängen wie Schmetterlinge, Spiegelungen im Wasser, Himmelsansichten, Regenbögen, Sonnenuntergänge, Unterwasserwelten, Sturmszenen, Uferstriche, Wüstenszenen

Farbkompositionen

Variante 1
Das Papier zur Hälfte falten und wieder öffnen. Das Papier mit Wachsmalstiften bemalen. Das Papier falten, mit dem Bügeleisen darüberfahren und wieder öffnen.

Variante 2
Das Papier mit dem gewünschten Motiv mit Wachsmalstiften gestalten. Ein zweites Papier darüberlegen und mit dem Bügeleisen darüberfahren. Das zweite Papier wieder entfernen.

WACHSANTEIL UND BÜGELTIPPS

Die Wachsmalstifte müssen über einen hohen Wachsanteil verfügen. Da das dünne Papier leicht reißt, muss bei Wachsmalstiften von hoher Qualität mit weniger Druck gearbeitet werden. Außerdem verfügen die Wachsmalstiftspuren dann über eine hohe Leuchtkraft.

Tragen Sie zum Bügeln des Papiers gegebenenfalls schützende Handschuhe und verwenden Sie ein Gerät und einen Bügeltisch, die beschmutzt werden dürfen. Das warme Wachs kann herausquillen. Stellen Sie das Bügeleisen nicht zu heiß ein, sonst bilden sich Blasen auf dem Papier. Öffnen Sie das Papier zügig bzw. entfernen Sie das darübergelegte Papier schnell, damit das erkaltete Wachs nicht am Papier klebenbleibt und dieses reißt.

«««« o »»»»

Farbspritzen

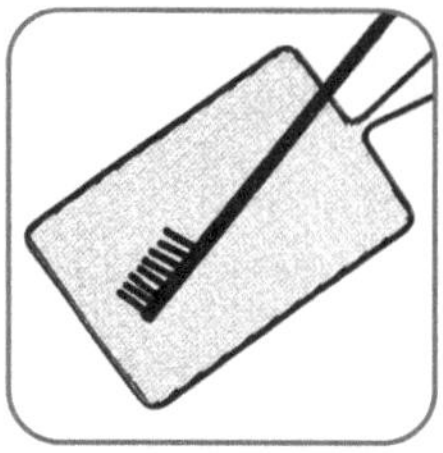

Material
Deckende Farbe, mit etwas Wasser verdünnt, oder Wasserfarbe

Zahnbürste, feines Sieb z. B. Passiersieb

Zeichenpapier, Tonpapier oder Aquarellpapier

Gegebenenfalls Schablonen

Verwendung
Papiere zur Weiterverarbeitung z. B. Kalenderblätter, Grußkarten, Mappen, Lesezeichen, Tischsets, Puzzles, Collagen

Wandbild

Variante 1
Farben durch das Sieb auf das Papier spritzen, indem mit der Zahnbürste zuerst Farbe aufgenommen und dann mit der Zahnbürste über die Sieboberfläche gerieben wird. Dabei das Sieb mit Abstand zum Papier halten.

Variante 2
Schablonen auf das Papier legen. Farben durch das Sieb spritzen, indem mit der Zahnbürste zuerst Farbe aufgenommen und dann mit der Zahnbürste über die Sieboberfläche gerieben wird. Dabei das Sieb mit Abstand zum Papier halten. Die Schablonen vorsichtig entfernen.

Variante 3
Schablonen auf das Papier legen. Helle Farbe durch das Sieb spritzen und ein paar der Schablonen vom Papier vorsichtig entfernen. Dunklere Farbe durch das Sieb spritzen und wieder ein paar der Schablonen vom Papier nehmen. Diesen Vorgang beliebig oft wiederholen.

VERDÜNNUNG, FARBAUFTRAG U. A.

Die Deckfarbe nicht zu stark verdünnen, da diese sonst auf das Papier tropft und kleckst. Ebenso bestimmt der Abstand zum Papier beim Farbauftrag das Ergebnis.

Bei der Verwendung mehrerer Farbtöne mit dem hellsten beginnen und mit dem dunkelsten abschließen. Gegebenenfalls vor dem Auftragen eines weiteren Farbtons den vorherigen Farbauftrag trocknen lassen.

Zur einfacheren Handhabung feinen Maschendraht mit Holzleisten rahmen. An gegenüberliegenden Stellen mit Vierkanthölzern von etwa sieben Zentimetern Länge Stelzen senkrecht als Abstandhalter stabil anbringen. Das Papier wird unter das Sieb gelegt.

Mit dieser Technik können auch Ostereier und andere Objekte gefärbt werden.

«««o»»»

Handschmeichler

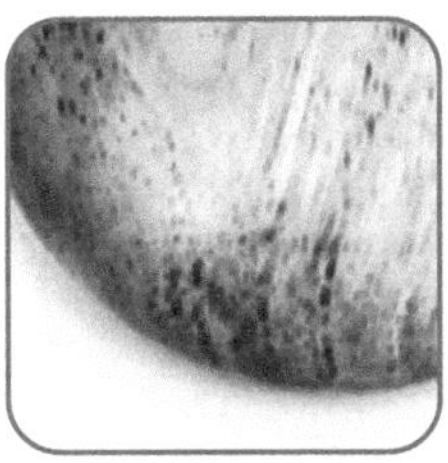

Material

Holzschraubzwinge, Speckstein oder weiches Holz, Säge, Raspel und Feile, Schleifpapier

Vorgehensweise

Aus dem Werkstoff mit der Säge ein ausreichend großes Stück herausarbeiten und dabei Materialverlust einplanen. Das Gebilde in eine rundliche oder ovale Form bringen und rundherum glattschmirgeln. Dazu wird der Werkstoff bei Bedarf mit der Zwinge fixiert und immer wieder neu positioniert.

Speckstein bearbeiten – freies Gestalten

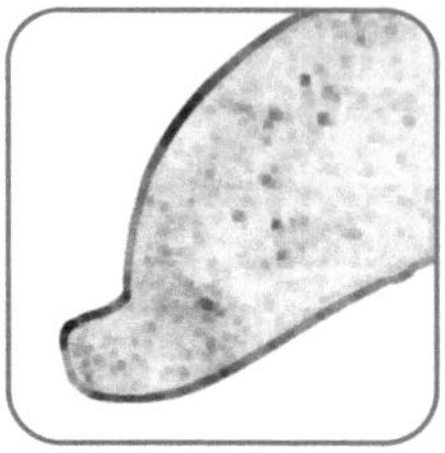

Material
Hammer, Meisel, Säge, Raspel, Feile, Schleifpapier

Figuren
Fantasiegebilde, Lebewesen

Dinge aus der Natur

Vorgehensweise
Das Material nach Belieben bearbeiten.

FINISH

Zum Schluss kann dem Werk ein matter Glanz verliehen werden, indem Polieröl mit einem Haarpinsel oder mit Küchenpapier auf das vorher von Staub befreite Werk aufgetragen wird.

««« o »»»

Papierplastik

Material
Zeitungspapier, Blumendraht, Tapetenkleister, Schnipsel aus Zeitungspapier

Schnipsel aus Seidenpapier oder Buntpapier (dünnes Papier) – alternativ Acrylfarbe

RECYCLINGPAPIER

Ebenso können Recyclingprodukte aus Papier, Karton und Pappe zusammengeklebt werden.

Figuren
Fantasiegebilde, Lebewesen

Dinge aus der Natur, Obst

Masken

Vorgehensweise
Aus Zeitungspapier, Draht und Kreppband ein Objekt formen. Das Objekt mit mehreren Lagen Zeitungspapierschnipseln überlappend bekleben. Dazu zuerst Kleister auf das Objekt pinseln und dann Zeitungspapierschnipsel auflegen. Zum Schluss eine Lage farbiger Papierschnipsel aufkleben oder das Objekt trocknen lassen und nach Belieben bemalen.

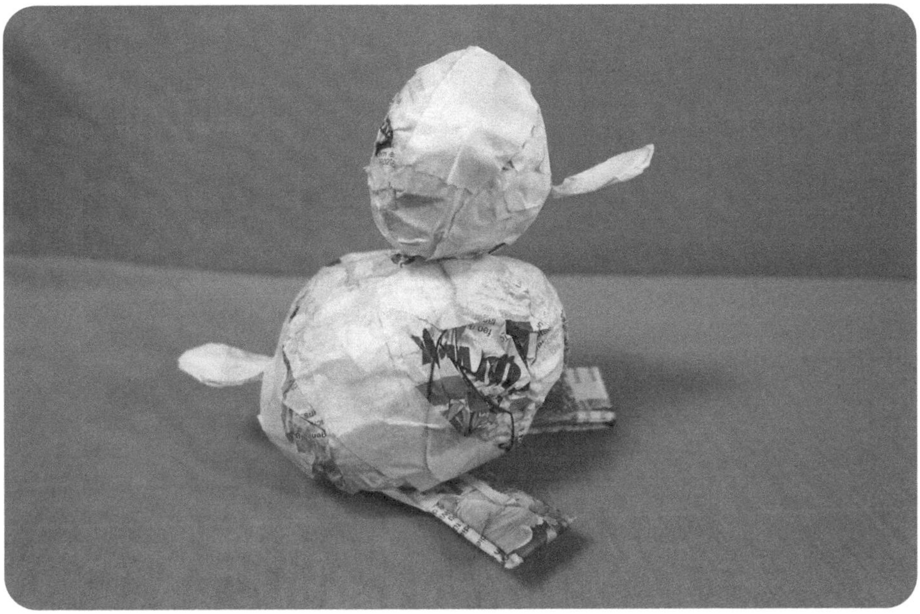

«««« o »»»»

Tonen – freies Gestalten

Material
Modellierton, Holzplatte

Modellierhölzer, Spachtel, Ränderscheiben oder Gegenstände aus dem Haushalt wie stumpfe Messer und Löffel

Figuren
Fantasiegebilde, Lebewesen

Dinge aus der Natur

Vorgehensweise
Ton auf der Holzplatte kräftig durchkneten und nach Belieben verarbeiten.

GESTALTEN MIT TON

Formen Sie eine Kugel zum Weiterarbeiten, falls der Teilnehmer Hemmungen beim Anblick des Tonklumpens zeigt.

Zum Verbinden zweier Tonteile werden die Berührungsflächen mit einer Gabel aufgeraut, indem Einkerbungen längs und quer in den Ton geritzt werden. Tonschlicker, also mit Wasser verdünnter Ton, dient als Klebstoff. Herausquillender Tonschlicker wird dann über der Nahtstelle vorsichtig verstrichen.

Mit Knete oder Fimo lassen sich ebenso wie mit Ton alle möglichen Formen und Figuren bilden, von Schmuckperlen für Halsketten über Tierfiguren bis hin zu Anhängern.

«««« o »»»»

Tonen – Plattentechnik

Material
Modellierton, Holzplatte

Modellierhölzer oder Gegenstände aus dem Haushalt wie Ausstechformen und Gabeln

Figuren
Vasen, Schalen, Blumentöpfe, Vogelhäuschen, Türschilder etc.

Relief als Wandschmuck

Vorgehensweise
Den Ton auf der Holzplatte kräftig durchkneten und mit dem Nudelholz auswellen. Platten ausschneiden und mit Tonschlicker zusammenfügen. Das Objekt nach Belieben weitergestalten.

AUSTROCKENSCHUTZ UND TIPPS ZUR PLATTENTECHNIK

Decken Sie mit einem feuchten Tuch ab, was an Ton nicht gebraucht wird, auch zwischen verschiedenen Arbeitsgängen. Mit einer mit Wasser befüllten Sprühflasche kann Ton ebenso vor dem Austrocknen geschützt werden.

Wenn Platten zwischen Folie ausgerollt werden, klebt der Ton nicht am Nudelholz fest.

Wird Ton auf einer strukturierten Oberfläche wie Spitzendeckchen oder aufgeklebten Blättern ausgerollt, so ist die Struktur als Verzierung auf der Tonplatte zu sehen.

Der Ton kann in eine Schale aus Porzellan, Glas oder Kunststoff (Negativform) gelegt werden, den Ton dann nach dem Trocknen vorsichtig aus der Form lösen.

««« o »»»

Tonen – Wulsttechnik

Material
Modellierton, Holzplatte

Gegebenenfalls Gegenstände mit versiegelter Oberfläche und einfacher klarer Form wie Schalen oder Blumentöpfe

Figuren
Vasen, Blumentöpfe, Schalen und sonstige Behälter

Variante 1
Den Ton auf der Holzplatte kräftig durchkneten. Aus einzelnen Tonstücken Tonwürste formen, indem der Ton mit der Handfläche über die Unterlage von der Mitte her nach außen gleichmäßig ausgerollt wird. Zuerst eine dicke Grundplatte als späteren Boden der Form gestalten. Tonwürste auf der Grundplatte »stapeln«, dabei die einzelnen Lagen an der Innenseite miteinander verstreichen und von außen leicht gegendrücken.

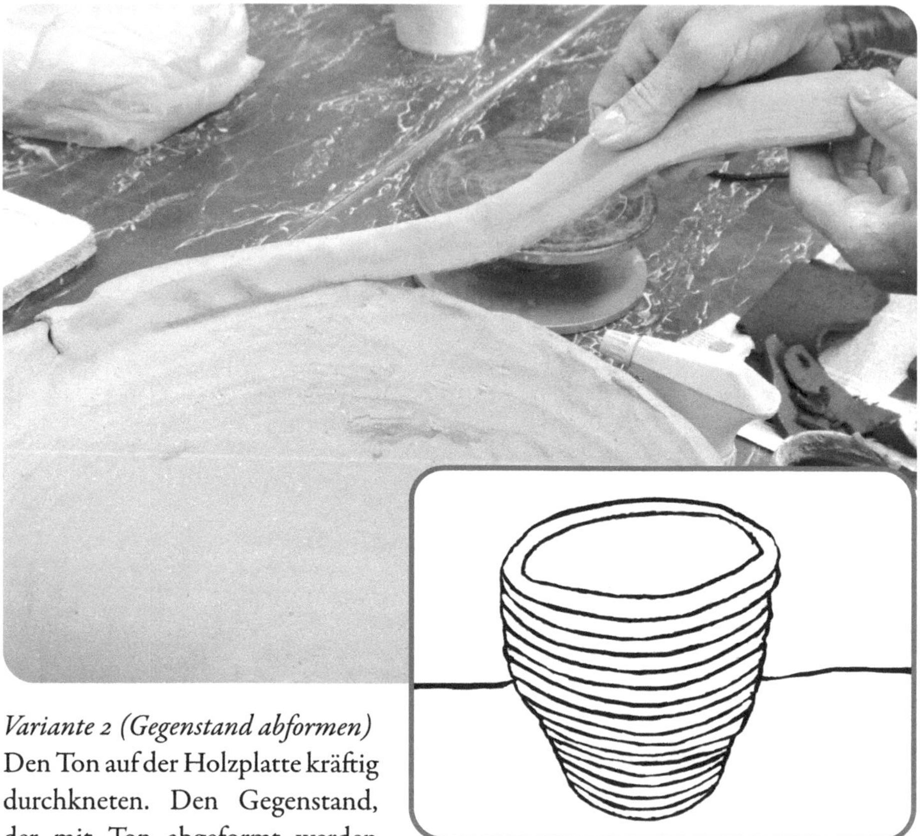

Variante 2 (Gegenstand abformen)
Den Ton auf der Holzplatte kräftig durchkneten. Den Gegenstand, der mit Ton abgeformt werden soll, mit der Öffnung nach unten auf den Tisch legen und von der Kante mit Hilfe der Wulsttechnik nach oben zur Unterseite des Gegenstands arbeiten. Dann wird die Außenseite des Tongefäßes glatt gestrichen.

Alternativ den Gegenstand mit der Öffnung nach oben auf den Tisch legen und von der Unterseite nach oben zur Kante des Gegenstands im Inneren des Gegenstands arbeiten. Dann wird die Innenseite des Tongefäßes glatt gestrichen.

In beiden Fällen das Objekt nach dem Trocknen vorsichtig aus der Form lösen.

WULSTTECHNIK

Mittels eines Fleischwolfs, dessen Öffnungen mindestens einen Zentimeter Durchmesser aufweisen, lassen sich gleichmäßige Tonschlangen erzeugen.

Wenn Sie nach der zweiten Variante arbeiten und der abmodellierte Gegenstand mit der Öffnung nach oben weist, können Sie das Gefäß vorab mit zwei Papierstreifen auslegen. Falten Sie dafür Zeitungspapier mehrmals zu zwei »Streifen« und legen Sie diese über Kreuz in das Gefäß, so dass oben die vier Enden ein gutes Stück herausragen. Dann können Sie später das Werk einfach an den vier Enden aus dem Gefäß herausziehen.

Lassen Sie das Werk nach einer Antrocknungsphase in einer zugeknoteten Plastiktüte zu Ende trocknen, um Rissbildung zu vermeiden. Entfernen Sie Fingerspuren an der Außenseite des Tongebildes vorsichtig mit einem feuchten Haushaltsschwamm.

Getrockneter Ton erhält einen Glanz, wenn er mit einem Gegenstand aus Metall, Stein, Holz oder Leder poliert wird.

««« o »»»

Stufe 2

Assemblage

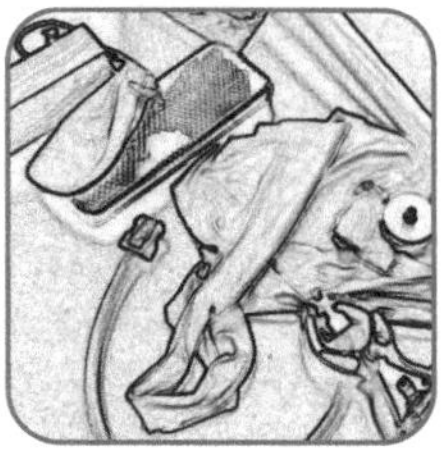

Material

Gegenstände aus dem täglichen Leben, Dinge zum Recyceln

Befestigungsmittel je nach Beschaffenheit des Werkstoffs, gegebenenfalls Acrylfarbe

Figuren

Maschinen, Personen, Tiere, Pflanzen usw.

Kompositionen aus Formen, Fantasiegebilde

Vorgehensweise

Die Materialien nach Belieben mit Klebstoffen, Klebeband, Draht, Nägeln oder Ähnlichem aneinander befestigen, je nachdem, welches Material verarbeitet wird. Das Werk kann nach Wunsch bemalt werden.

«««« o »»»»

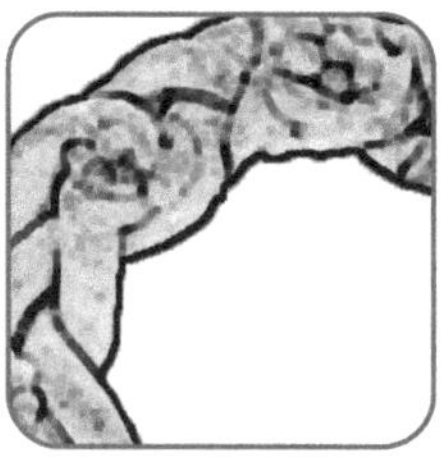

Kranz aus Salzteig

Material

Grundrezept Salzteig: 400 g Weizenmehl, 400 g Salz und 300 ml Wasser

Blattform und Obstform (Schablonen), stumpfes Messer

Vorgehensweise

Drei Teigwürste flechten und zu einem Kranz zusammenführen. Den restlichen Teig zu einer Platte auswellen. Jeweils eine Schablone auflegen, aus der Teigplatte schneiden und auf dem Kranz platzieren. Dazu aufliegende Flächen mit Wasser befeuchten. Das Werk mehrere Tage trocknen lassen. Dann im Backofen bei 125 °C eine halbe bis eine Stunde weitertrocknen.

SALZTEIG

Gegebenenfalls noch Mehl oder Wasser hinzufügen, so dass eine Modelliermasse entsteht, die nicht klebt oder krümelt.

Salzteig kann mit Lebensmittelfarbe gefärbt werden. Diese wird dann dem Teig zugemischt. Aus verschiedenfarbigen Teigen entstehen dann farbige Werke.

Aus Kugeln lassen sich plastische Elemente formen und aufsetzen wie Zwetschgen, Äpfel oder Birnen. Auch Schmetterlinge oder Ähnliches können mit etwas Geschick geformt werden.

Salzteig ist ein vielseitig einsetzbarer Werkstoff. Viele aus Ton herstellbare Dinge können auch mit Salzteig gefertigt werden wie Gartenkugeln, Rosenblüten oder Engelsfiguren. Werke für den Außenbereich mit wasserfester Farbe bemalen bzw. mit Schutzlack überziehen.

««« o »»»

Collage aus Naturmaterialien

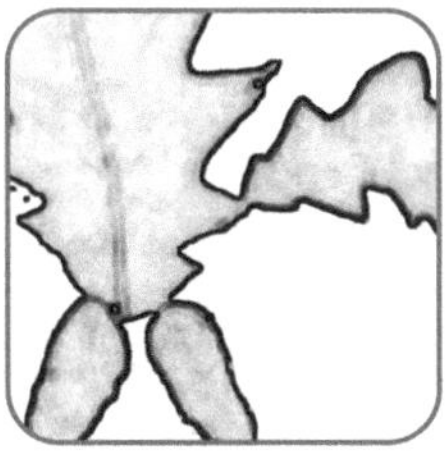

Material
Stabiler Untergrund z. B. aus Holz oder Karton

Gegenstände aus der Natur wie Federn, Muscheln, Äste, Zapfen, Rinde, Steine, Blätter, Blüten, Moos

Verwendung
Wandbild

Motive
Farbkompositionen, Flächenkompositionen

Muster, Mandalas, Fantasiegebilde

Portraits, Stillleben, Landschaften wie Wiesen, Wälder, Gebirge, Städte

Dinge aus der Natur wie Lebewesen, Pflanzen, Früchte

Stufe 2

Durchführung
Die Materialien nach Belieben auf den Untergrund kleben (z. B. mit Alleskleber).

INSPIRATIONSQUELLEN

Falls sich Teilnehmer damit schwer tun, auf dem leeren Untergrund selbst zu einem Motiv zu finden:

a) Kleben Sie ein paar der Materialien auf den Untergrund und motivieren Sie zum Weitergestalten.

b) Zeichnen Sie Formen und Figuren auf den Untergrund und motivieren Sie zum Ausfüllen der Flächen.

«««« o »»»»

Steinbild

Material
Holzplatte, Beize, Borstenpinsel breit bzw. Malerpinsel

Steine flach, Montagekleber

Figuren
Ein länglicher Stein als Körper und ein runder Stein als Kopf bilden Menschen.

Runde Steine aneinandergereiht formen eine Schlange.

Ein runder Stein in der Mitte und darum längliche Steine gesetzt, dadurch entsteht eine Blüte.

Ovale Steine können als Luftballons verwendet werden. Weitere Einzelheiten werden dazu gemalt.

Ein länglicher Stein mit einem dazu gezeichneten Schnabel und dazu gezeichneten Beinen ergeben einen Vogel.

Ein länglicher Stein als Körper, ein runder Stein als Kopf. Beine, Ohren und Schwanz dazu gemalt, fertig ist die Katze.

Vorgehensweise
Die Holzplatte farbig grundieren und trocknen lassen. Die Steine nach Wunsch auf die Platte kleben.

COLLAGE

Durch die Verwendung weiterer Naturmaterialien entstehen Collagen.

«««o»»»

Farbsandtechnik-Bilder

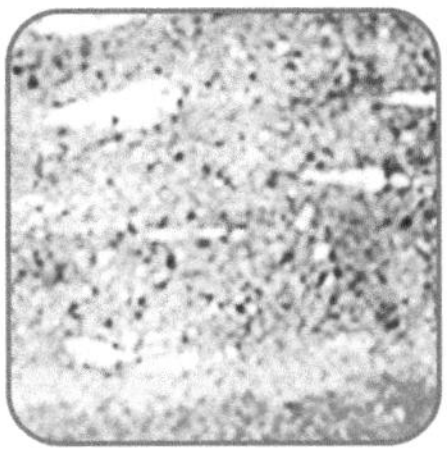

Material
Tonkarton, Farbsand

Verwendung
Wandbild

Motive
Muster, Farbkompositionen, Flächenkompositionen

Landschaften, insbesondere Strand- oder Wüstenbilder mit Tieren, Pflanzen und weiteren Figuren

Variante 1
Das Motiv auf dem Untergrund vorzeichnen. Linien oder Flächen schrittweise partiell mit Alleskleber oder Bastelkleber bestreichen und Sand darüber streuen. Dieser bleibt am Klebstoff haften. Überschüssigen Sand durch das schräge Halten des Tonkartons entfernen.

Variante 2
Den Sand in einem flachen Behälter so verteilen, dass der Boden komplett mit Sand bedeckt ist. Das Motiv auf dem Tonkarton vorzeichnen. Linien oder Flächen mit Alleskleber bestreichen. Den Karton mit den Klebespuren in die Sandfläche drücken und herausnehmen.

BATIKFARBE UND ARBEITSGESCHWINDIGKEIT

Sand mit Pulver für Batikfarbe vermischen, mit etwas heißem Wasser übergießen und trocknen lassen.

Nach dem Aufbringen des Klebstoffs muss der Sand zügig aufgebraucht werden, bevor dieser getrocknet ist. Linien oder Flächen können aber in einem weiteren Arbeitsgang nachgearbeitet werden.

«««« o »»»»

Filzen – freies Gestalten

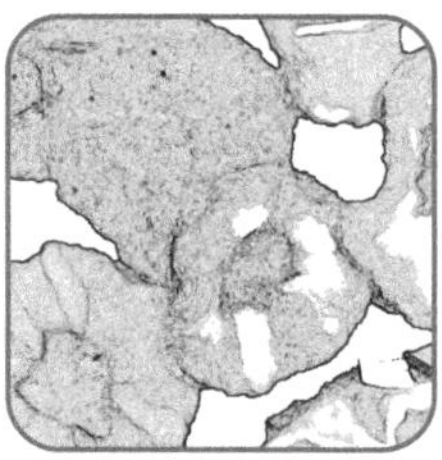

Material
Unterlagen z. B. Gummimatten oder flache Kunststofftabletts mit Rand

Hochtemperiertes Seifenwasser (z. B. unter Zugabe von Olivenölseife)

Kardierte Wolle (Filzwolle), Handtücher aus Baumwolle

Verwendung
Tischdekoration, Wandbild

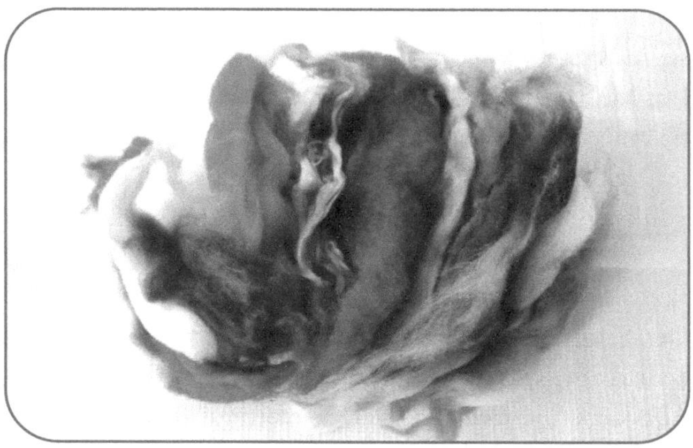

Motive
Farbkompositionen, Flächenkompositionen

Landschaften ohne Details wie Felder, Wiesen, Gewässer

Vorgehensweise
Wollstücke auf der ersten Unterlage in übereinanderliegenden Lagen auslegen. Bei der ersten Schicht überlappen sich die Wollstücke dachziegelartig. Die zweite Schicht wieder dachziegelartig darüberlegen, aber mit der Faserrichtung senkrecht zur vorherigen Lage. Zwischendurch die Wolle mit dem warmen Seifenwasser benässen.

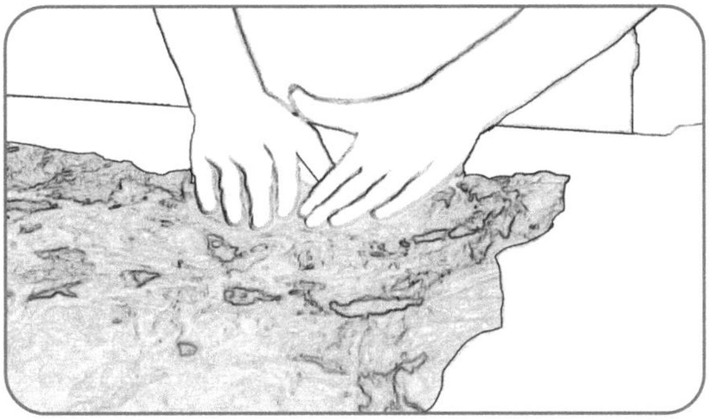

Wenn alle Lagen bereitliegen, lässt man die Hände mit kleinen kreisenden Bewegungen über die Wollfläche gleiten, wobei zuerst langsam und mit wenig Druck gearbeitet und der Druck allmählich erhöht wird. Das Filzstück wenden, indem es vorsichtig mit der Rückseite nach oben auf die zweite Unterlage gelegt wird. Das Filzstück wieder mit etwas Druck bearbeiten.

Das Filzstück auf ein Handtuch legen, einrollen und walken, also zuerst sanft und dann mit etwas Druck hin und her rollen. Dabei die Rolle immer wieder öffnen, um das Filzstück in Form zu ziehen und zu drehen.

Das Filzstück zum Schluss zuerst mit klarem Wasser und dann mit Essigwasser gründlich ausspülen, in Form bringen und zum Trocknen aufhängen.

UMGANG MIT DEM FILZ

Manche tun sich leichter, wenn zu Beginn ein Stück dickere Plastikfolie auf die Wolllagen aufgelegt wird und die Hände nicht direkt mit der nassen Wolle in Kontakt kommen. Sie können auch Bälle oder ein Nudelholz auf dem Filzstück hin und her rollen.

Die Wolle gut befeuchten, aber nicht zu viel Wasser verwenden. Überschüssiges Wasser läuft aus den Wollschichten heraus. Wenn die Wolle aber an den Händen klebenbleibt, wieder Seifenwasser hinzufügen.

Wenn sich das ganze Filzstück anstatt einzelner Fasern anheben lässt, dann kann es gewalkt werden. Filz schrumpft während des Walkens. Das Endprodukt ist also immer kleiner als zu Beginn des Filzens. Filzstücke nicht direkt in der Sonne, sondern langsam trocknen, damit Form und Farben erhalten bleiben.

Seidenmalerei – Flächengestaltung

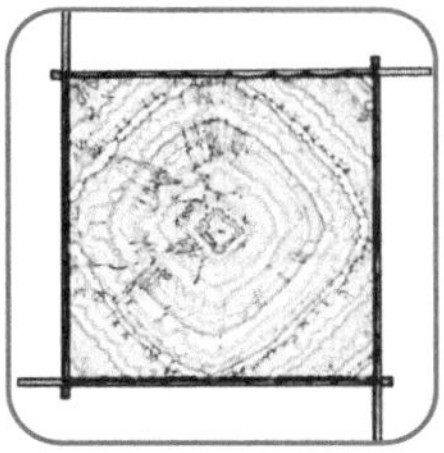

Material
Bügelfixierbare Seidenmalereifarbe, Seidentücher, Rahmen, Reißzwecken oder Nadeln, Bügelfolie, Bügeleisen, Pipette

Verwendung
Halstücher, Jongliertücher, Dekorationsstoffe usw.

Vorgehensweise
Das Tuch auf einen Rahmen spannen und anfeuchten. Nach Belieben Farbe mit der Pipette oder einem Haarpinsel auftragen. Das Werk nach dem Trocknen vom Rahmen nehmen und mit Bügelfolie fixieren.

BERATUNG, KONTURFARBE, EFFEKTE

Rahmen sind im Fachhandel in vielerlei Ausführungen erhältlich. Lassen Sie sich dort beraten. Reißzwecken oder Nadeln können Löcher in den Stoff reißen. Deshalb diese vorsichtig in den Rand des Tuches stecken.

Mit Konturfarbe können Begrenzungslinien auf der Seide aufgezeichnet werden. Diese dann zuerst trocknen lassen. Von Konturfarbe begrenzte Flächen bleiben dann erhalten und gegenständliche Motive wie Pflanzen oder Landschaften können mit ihrer Hilfe gestaltet werden. Wenn grobkörniges Tafelsalz oder Fixiersalz aufgestreut wird, entstehen Effekte. Das Salz saugt die Farbe auf, wodurch nach dem Trocknen an diesen Stellen keine Farbe mehr zu sehen ist.

Stoffbatik

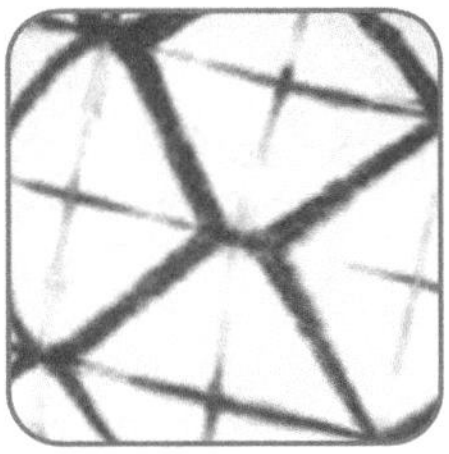

Material
Stoff wie Baumwolle oder Seide

Batikfarbe, Fixiermittel für Batikfarbe, Eimer, Holzstab, Paketschnur

Verwendung
Kleidungsstücke, Kissenbezüge, Halstücher, Jongliertücher, Dekorationsstoffe

Vorgehensweise
Das Farbbad nach Packungsanweisung anmischen. Den Stoff nach Belieben fest verschnüren. Den abgebundenen Stoff ins Farbbad geben und nach Packungsanweisung einfärben, in der Regel eine Stunde lang. Dabei den Stoff vorsichtig hin und her bewegen. Dann den Stoff mit Wasser so lange ausspülen, bis das Wasser klar bleibt. Die Abbindungen dazu nach dem ersten Spülgang entfernen. Den Stoff in das nach Packungsanweisung angerührte Fixierbad geben, in der Regel fünfzehn Minuten lang. Den Stoff nochmals ausspülen.

WICKELUNG

Je enger der Stoff gewickelt ist, desto kleiner werden die Muster. Je regelmäßiger der Stoff umwickelt ist, desto regelmäßiger werden die Muster.

«««« o »»»»

Stoff-Collage

Material
Stabiler Untergrund z. B. aus Holz oder Pappe

Stoffreste, Geschenkbänder aus Stoff, Stoffborten usw.

Verwendung
Wandbild

Stufe 2

Motive
Farbkompositionen, Flächenkompositionen

Muster, Mandalas, Fantasiegebilde

Portraits, Stillleben, Landschaften wie Wüsten, Gewässer, Gebirge, Städte

Dinge aus der Natur wie Lebewesen, Pflanzen

Durchführung
Die Stoffe nach Belieben aufkleben. Dazu den Untergrund mit Klebstoff bestreichen und den Stoff fest aufdrücken. Variationen:

- Schneiden oder Reißen des Stoffs
- gleiche oder unterschiedliche Oberflächenstruktur
- gleiche oder unterschiedliche Größe
- gleiche oder unterschiedliche Form
- derselbe Farbton oder unterschiedliche Farbtöne
- ein Farbton in Farbabstufungen oder Nutzung von Farbkontrasten

INSPIRATIONSHILFE, KLEBMITTEL, PLASTIKEN

Bereiten Sie geometrische Figuren aus Stoff vor, wenn sich Teilnehmer mit dem Schneiden schwer tun.

Auf Holz ist Holzleim die erste Wahl, auf Pappe Alleskleber.

Wird der Stoff gerafft aufgeklebt, entstehen plastische Elemente.

Fadengrafik

Material

Zeichenpapier oder Tonpapier

Tusche oder deckende Farbe

Garn

Verwendung

Papiere zur Weiterverarbeitung z. B. Kalenderblätter, Grußkarten, Mappen, Lesezeichen, Tischsets, Puzzles, Collagen

Wandbild

Vorgehensweise

Das Papier falten und wieder öffnen. Einen eingefärbten Faden auf eine Papierseite legen und das Papier wieder falten. Dann den Faden herausziehen, dabei kann die Ziehrichtung verändert werden. Ebenso kann der Faden oben, unten oder an der Seite aus dem Papier gezogen werden. Zum Schluss das Papier wieder vorsichtig öffnen. Auf dem Bild können nach dem Trocknen nach Belieben mit Farbstiften weitere Einzelheiten eingezeichnet werden.

UMGANG MIT DER FARBE

Beim Einsatz deckender Farbe wird nur wenig Wasser beigemischt. Die Farbe verläuft ansonsten auf dem Papier.

Bei der Wiederholung des Druckvorgangs mit mehreren Farbtönen und derselben Ziehrichtung entsteht eine Art »Blumenstrauß«. Lassen Sie die Farbe zwischen Arbeitsvorgängen jeweils antrocknen.

5.2 Umsetzung als Begegnungsrunde

Eine grundlegende Einführung, wie Sie Begegnungsrunden vorbereiten, finden Sie in Kapitel 2.5: Ablauf → S. 33 bis 36.

Hauptteil: Impuls

Vorlesen eines Zitats zum Thema Kunst

Beispiele: Zitate
Kunst wäscht den Staub des Alltags von der Seele (Pablo Picasso)

Die Kunst gibt nicht das Sichtbare wieder, sondern macht sichtbar (Paul Klee)

Ein Kunstwerk ist ein Stück Natur, gesehen durch ein Temperament (Émile Zola)

Blumen reicht die Natur, es windet die Kunst sie zum Kranze (Johann Wolfgang von Goethe)

Hauptteil: Gestaltungsphase

Stellen Sie das Material bzw. den Werkstoff vor und erläutern Sie, welche Gestaltungsmöglichkeiten damit umsetzbar sind. Laden Sie die Teilnehmer dazu ein, sich an diesen »Trockenübungen« oder Sinnesübungen zu beteiligen.
Danach erfolgt das kreative Tun, bei dem Sie gegebenenfalls Hilfestellung leisten und unterstützen. Für Beteiligte, denen es sehr schwer fällt, sich auf das Werkangebot einzulassen, können beispielhafte Objekte bereitgelegt werden. Gehen Sie wie folgt vor:

- Vorstellung des Materials und Materialerprobung (»Trockenübungen«)
- Gestaltungsphase
- Gemeinsames Betrachten entstandener Werke

Beispiele: Materialerprobung

- Malen von Kreisen mit Buntstiften auf einem Probeblatt: mit einer Hand und mit beiden Händen, parallele Bewegung und gegengleiche Bewegung

- Zeichnen von Linien und Strichen mit Wachsmalstiften auf einem Probeblatt: fest aufdrücken und weniger fest aufdrücken, fließende Bewegungen und abgehackte Bewegungen
- Mit einem Bleistift eine liegende Acht zu Papier bringen, dies eine Minute lang fortführen und die Acht immer wieder nachzeichnen. Während des ganzen Prozesses, also vom ersten Strich an, wird der Bleistift nicht vom Papier abgehoben.
- Dem Teilnehmer wird bei geschlossenen Augen jeweils zuerst eine Feder, dann ein Ast, dann ein Tannenzapfen und zum Schluss eine Kiefernnadel in die Hand gelegt. Der Teilnehmer wird dazu angeregt, jeweils den Gegenstand zu erraten und etwas zum Gegenstand zu erzählen.
- Formen einer Kugel aus Ton

6. Musik interpretieren

Musik wird durch künstlerisches Tun in Formen und Farben zum Ausdruck gebracht. Beim Hören der Musik geweckte Vorstellungen und Empfindungen werden so durch die Bearbeitung von Werkstoffen offensichtlich.

6.1 Vorüberlegungen

Ausschlaggebend für die Auswahl des Musikstücks oder Klangbildes ist, dass beim Hören zu Eigenbewegung und zum Tun motiviert wird. Wenn eine Atmosphäre geschaffen wird, die unsere Fantasie anregt, dann hat das Musikstück oder Klangbild ausreichend Aussagekraft und kreatives Potential. Stellen Sie sich folgende Fragen:

1. Welche Instrumente oder Klänge sind zu hören? Wie werden diese in Beziehung zueinander gesetzt? Welches Tempo und welchen Rhythmus hat die Musik? Herrschen vorwiegend größere musikalische Einheiten oder kleinere musikalische Strukturen vor?
2. Welche Wirkung hat die Musik? Welche Gefühle werden ausgelöst? Welche inneren Bilder werden geweckt?
3. Wie würden Sie sich zur Musik bewegen? Welche Formen passen zum Musikstück? Welche Farbtöne? Welche Materialien?

Wirkung und Gestaltungsform im Kontext

Aufgrund bestimmter Merkmale wie Art der Tonerzeugung, Zusammenklang der Töne, Anzahl der Instrumente, Tongeschlecht, Notenwerte, Variationen und Wiederholungen können einzelne Musikgenres mit gestalterischen Mittel verknüpft werden.

Meditative Musik und Naturgeräusche

Bewegungen je nach Klangcharakteristik eher großzügig oder fein. Beim Malen entstehen oft gebogene, runde, gewellte, spiralförmige Linien oder Punkte, beim Tonen und Filzen freie Formen. Mandalas werden in der Regel symmetrisch aufgebaut. → Farben aus der Natur insbesondere Gelbtöne, Brauntöne, Rottöne, Grüntöne.

Beispiele: Meditative Musik
Loslassen vom Alltag (aus Ricardo, Klangschalen-Musik), Spa Piano (aus Wellnes Spa Musik), Woman of Ireland (aus Celtic Music), Flowers in your hand (aus Chinesische Musik), Wolfgang Amadeus Mozart k 299 (aus Klassische Musik), Ubi caritas et amor (Hans Spielmann)

Beispiele: Naturgeräusche
Meeresrauschen, Singvögel, Regen, Plätscherndef Bach, Buckelwalgesang, Gewitter, Lagerfeuer, Grillenzirpen, Sommer auf der Alm, Dschungel, Stimmen des Waldes

Beispiele: Materialeinsatz bei Mandalas
Mandalas sind aus vielfältigsten Materialien legbar. Von Knöpfen, Holzperlen, geometrisch geformten Holzplättchen, Bohnen, Muscheln, Stoffresten bis hin zu farbigem Sand ist jegliches Material denkbar. Naturmaterialien sind unter anderem Äste, Zapfen, Baumrinde, Steine, Blätter, Blumenblüten und Moos.

Klassische Musik und Instrumentalmusik

Zum Malen, Tonen, Filzen und Legen von Mandalas. Bewegungen je nach Musikcharakteristik eher großzügig oder fein, abgehackt oder fließend. → Farbtöne je nach Wirkung des Musikstücks.

- Laut, schnell, spannend, dramatisch → leuchtende Farben → Farb-an-sich-Kontrast: Rot und Grün, Blau und Orange, Gelb und Violett → Hell-Dunkel-Kontrast: Schwarz und Weiß
- Leise, langsam → helle Farben → insbesondere Weiß, Rosa, Grün, Blau, Braun → evtl. ein Farbton in verschiedenen Abstufungen
- Harmonisch → Farben aus der Natur → insbesondere Grün, Blau, Braun, Violett → evtl. ein Farbton in verschiedenen Abstufungen

- Heiter → leuchtende Farben → insbesondere Gelb, Orange, Gold, Hellgrün

Beispiele: Klassische Musik und Instrumentalmusik
Die Moldau (F. Smetana), Das Feuerwerk (G. F. Händel), Der Karneval der Tiere (C. Saint Saëns), Die vier Jahreszeiten (A. Vivaldi), Bolero (M. Ravel), Eine kleine Nachtmusik (W. A. Mozart), Der fröhliche Landsmann (R. Schumann), Main Theme aus dem Film »Der mit dem Wolf tanzt«

Tanzmusik und rhythmusbetonte Musik im 3/4-Takt

Zum Filzen oder Malen mit grobmotorischen Bewegungen geeignet. Bewegungen großzügig und fließend. Beim Malen entstehen meist gebogene, runde, gewellte Linien sowie Punkte oder Striche. → Farbtöne je nach Wirkung des Musikstücks: leuchtende Farben oder Farben aus der Natur.

Beispiele: Walzermusik
Wer soll das bezahlen (Jupp Schmitz), Zwei Herzen im 3/4-Takt (Marek Weber), Walzer op. 183 (Emil Waldteufel), Donauwalzer (Johann Strauss), Que sera, sera (Doris Day), Hallelujah (Alexandra Burke)

Tanzmusik und rhythmusbetonte Musik im 2/4- oder 4/4-Takt

Zum Filzen oder Malen mit grobmotorischen Bewegungen geeignet. Auch das Bearbeiten von Ton oder Salzteig ist möglich. Beim Malen entstehen in der Regel strukturierte Linien wie kurze Striche oder Zickzacklinien. → Farbtöne je nach Wirkung des Musikstücks: leuchtende Farben oder Farben aus der Natur.

Beispiele: Musik im 2/4- und 4/4-Takt
Staročeská muzika (aus Blasmusik aus Böhmen), Radetzky-Marsch op. 228 (Johann Strauss), In the mood (Glenn Miller), Boru's March (Loreena McKennitt), Earth's Breath (Indians), Sunshine reggae (Bob Marley)

GESCHMACKSFRAGEN, GRUNDFARBEN, BEIDHÄNDIGKEIT

Achten Sie beim Einsatz von Tonträgern auf die Vorlieben der Teilnehmer. Nicht jeder ist beispielsweise von Panflötenmusik, Harfentönen oder Geigenklängen begeistert. Bei Kleingruppen und Einzelbetreuungen können Sie zwei Musikstücke oder Klangbilder anbieten. Wählen Sie die Lautstärke der Musik angemessen aus, so dass diese nicht als Krach empfunden wird.

Stellen Sie beim Malen neben ihrer Vorauswahl an Farbtönen auch die Grundfarben Blau, Rot, Gelb und Grün bereit. Vielleicht hat ein Gast einen anderen Eindruck vom Musikstück als Sie.

Oft kann der Werkstoff mit beiden Händen gestaltet werden, besonders beim Malen schulen Sie zusätzlich die Koordination. So kann beispielsweise ein Instrument mit der rechten Hand und ein anders Instrument mit der linken Hand in Bewegung umgesetzt werden. Oder mit der rechten und linken Hand im Wechsel ein Grundschlag zu Papier gebracht werden.

6.2 Umsetzung als Begegnungsrunde

Eine grundlegende Einführung, wie Sie Begegnungsrunden vorbereiten, finden Sie in Kapitel 2.5: Ablauf → S. 33 bis 36.

Hauptteil: Impuls

Stellen einer Höraufgabe und Vorspielen des Musikstücks

Beispiele: Höraufgabe

- Von welchem Komponisten stammt dieses Musikstück?
- Aus welchem Land stammt das Musikstück?
- Wie könnte der Titel dieses Musikstücks heißen?
- Welche Instrumente können Sie benennen?

Hauptteil: Gestaltungsphase

Bei einem Austausch können Sie in einer Art Brainstorming gemeinsam zusammentragen, welche Ideen Teilnehmern zum Impuls einfallen. In der gleichen Weise, in der Sie zu Hause die Musik ausgewählt haben, können Sie sich – vereinfacht – später mit den Teilnehmern dem Musikstück annähern: Wirkung, Charakter, Assoziationen. Dabei können auch persönliche Erfahrungen und Geschehnisse aus dem Leben von Teilnehmern einfließen. Dabei gibt es kein Richtig oder Falsch, denn Vorstellungen, Empfindungen und künstlerischer Ausdruck sind individuell.

Beispiele: Fragestellungen beim gemeinsamen Austausch

- Erlernten Sie selbst das Spielen auf einem Instrument?
- Welche Erfahrungen haben Sie mit ... gemacht? > Thema der Musik
- Welches Instrument sticht heraus?
- Wie würden Sie den Klang dieses Instruments beschreiben?
- Welche Wirkung hat die Musik auf Sie?
- Welches Bild hatten Sie beim Hören der Musik vor Augen?
- Wie würden Sie sich zu dieser Musik bewegen?
- Welche Farben möchten Sie einsetzen?

Ob Sie gemeinsam Eindrücke im Gespräch schildern oder nicht, hängt davon ab, welches Teilziel mit der Aktivität verbunden ist. Ein gemeinsamer Austausch fördert verstärkt sprachliche Fähigkeiten und gegenseitiges Kennenlernen. Das direkte

Umsetzen der Eindrücke in das künstlerische Tun hingegen fördert verstärkt individuelle spontane Kreativität.

1. Vorstellung des Materials und Materialerprobung (»Trockenübungen«)
2. Präsentieren des Musikstücks: Spielen Sie das Musikstück oder eine das Musikstück prägende Sequenz vor
3. Gegebenenfalls gemeinsamer Austausch (Brainstorming)
4. Gestaltungsphase, dazu erklingt die ausgewählte Musik
5. Gemeinsames Betrachten entstandener Werke

MANDALAS GESTALTEN

Stellen Sie die Naturmaterialien in verschiedenen Behältern bereit, so rollen oder fallen Gegenstände nicht vom Tisch. Vielen Teilnehmern hilft als Starthilfe ein Rahmen wie ein Holzreifen, der mit dem Material ausgelegt wird. Oder Sie legen einen Gegenstand in die Mitte, so dass der Teilnehmer um diesen Gegenstand herum weitere Materialien legen kann.

Handarbeiten, Basteln und Werkarbeiten sind Hobbytätigkeiten. Sie bestehen aus dem spielerischen Ausüben verschiedener Handwerksdisziplinen bzw. wird mittels handwerklicher Tätigkeiten Material bearbeitet. Gebastelt wird in der Regel anhand einer speziellen trendabhängigen Technik, nach einer Vorgabe mittels Schablonen und Vorlagen, so dass eine Grundform oder konkrete Gegenstände entstehen. Dieses Produkt kann dann nach dem eigenen individuellen Geschmack ausgeschmückt werden.

7.1 Aktivitäten

GEBRAUCHSANWEISUNG FÜR DAS KAPITEL

Wie in den vorangegangenen Kapiteln sind unter »Verwendung« Ideen aufgelistet, für welche Alltags- und Dekorationsobjekte sich die beschriebenen Techniken jeweils besonders eignen. Konkrete Darstellungsmöglichkeiten werden unter »Motive« oder »Figuren« geschildert.

Die im gesamten Praxisteil beschriebenen kreativen Ideen sind so gruppiert, dass sie den theoretischen Grundlagen entsprechen (siehe Kapitel 2.3 Ideensammlung, Abschnitt Vorauswahl) und verschiedenen Schwierigkeitsgraden zugeordnet sind. Wiederholungen in Bezug auf bestimmte Techniken sind deshalb bewusst eingesetzt, um Ihnen den Umgang mit diesem Buch zu erleichtern.

Namensschild

Material
Stempelset aus den Buchstaben des Alphabets, Tonkartonstreifen, Acrylfarbe, Laminiergerät, Holzwäscheklammer

Vorgehensweise
Den Namen auf den Streifen stempeln und nach dem letzten Buchstaben auf die gewünschte Länge abschneiden. Den Streifen nach dem Trocknen laminieren, dann mit einer Heißklebepistole auf der Rückseite die Wäscheklammer anbringen.

«««« o »»»»

Stempeln mit Längs- und Querstreifen

Untergrund
Tabletts, Teller, Vasen etc. aus unterschiedlichen Materialien

Farbstoff
Finger-, Tempera-, Plaka- oder Acrylfarbe haftet auf vielen Flächen. Für Porzellan und Glas sind im Handel spezielle Malfarben erhältlich.

Vorgehensweise bei paralleler Streifenführung
Einen Kreppbandstreifen mittig als Streifen im waagerechten Verlauf über den Untergrund kleben. Auf beiden Seiten, ober- und unterhalb, eine Vielzahl weiterer Kreppbandstreifen neben den Mittelstreifen kleben. Die Streifen grenzen aneinander, überlappen sich jedoch nicht (Bild oben). Die beiden Kreppbandstreifen neben dem mittleren Streifen ablösen, danach jeden zweiten (Bild Mitte).

Mit einem Schwamm Farbe auf den Untergrund auftupfen (Bild links unten). Den Untergrund antrocknen lassen und die Kreppbandstreifen abziehen (Bild rechts unten).

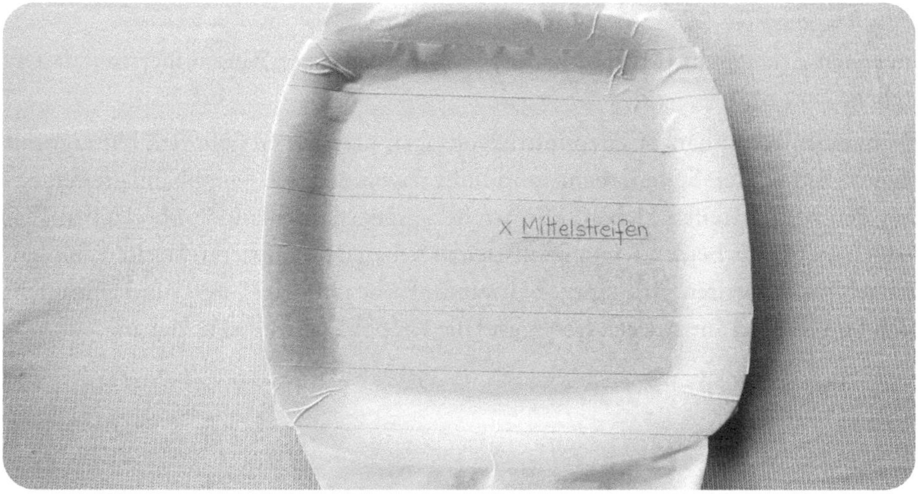
X Mittelstreifen

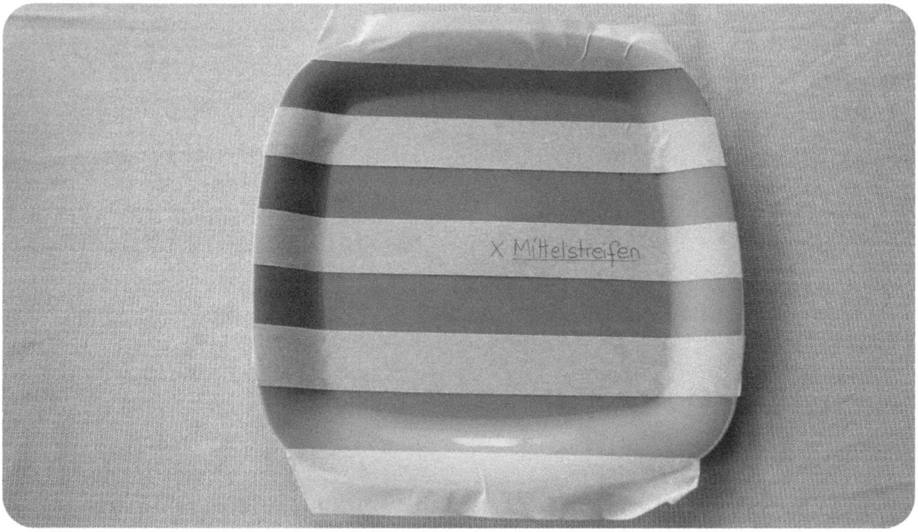
X Mittelstreifen

Vorgehensweise bei sich überschneidender Streifenführung
Im ersten Arbeitsschritt wie oben vorgehen und auf diese Weise Querstreifen herstellen.

Dann einen Kreppbandstreifen mittig von oben nach unten über den Untergrund kleben. Auf beiden Seiten, rechts und links davon, weitere Kreppbandstreifen neben den Mittelstreifen kleben. Die Streifen grenzen aneinander, überlappen sich jedoch nicht. Die beiden Kreppbandstreifen neben dem mittleren Streifen ablösen, danach jeden zweiten. Mit einem Schwamm Farbe auf den Untergrund auftupfen. Den Untergrund antrocknen lassen und die Kreppbandstreifen abziehen.

SEPARATE STEMPEL

Stellen Sie gegebenenfalls für jeden Farbton, mit dem gearbeitet wird, einen separaten Stempel und ein separates Stempelkissen bereit. Wird der Stempel bzw. der Schwamm in verschiedene Farben getaucht, so vermischen sich diese ungewollt auf der Stempelfläche. Außer Sie möchten diesen Effekt für die Gestaltung bewusst nutzen und eine Batik-Optik gestalten. Beschränken Sie sich dann auf wenige Farbtöne für eine Fläche.

««« o »»»

Papierreißen – Figuren Kleben

Material
Biegsame Kunststoffplatte dünn und durchsichtig, Tapetenkleister

Papierschnipsel aus Buntpapier oder Transparentpapier

Schablone DIN A4

Verwendung
Fensterbilder, Mobile

Figuren
Tiere, Blüten, Früchte, Gebäude, Himmelsgestirne, Ostereier, Schneemänner etc.

Vorgehensweise
Auf ein weißes Papier mit einem Filzstift den Umriss und die wichtigsten Linien der Figur zeichnen. Die Platte darüberlegen, so dass die Zeichnung zu sehen ist, und mit Klebeband am Tisch sichern. Einzelne Flächen nacheinander zuerst mit Kleister bepinseln und dann mit Papierschnipseln bekleben. Diesen Vorgang mehrmals wiederholen, so dass die Papierschnipsel mindestens vierlagig überlappend aufgebracht sind. Nach dem Trocknen die Figur vorsichtig von der Unterlage lösen.

PAPIERREISSEN – FIGUREN KLEBEN

Das Papier mit den aufgezeichneten Umrisslinien kann auch zwischen Laminierfolien gelegt werden.

Jede Papierschicht mit Kleister überstreichen. Das Gebilde vor dem Abziehen bis zur untersten Papierschicht durchtrocknen lassen, mit einem Haartrockner/Fön lässt sich dieser Prozess beschleunigen.

Durch das Auftragen der Papierschnipsel auf Tonpapier entstehen abstrakte oder gegenständliche Werke.

«««« o »»»»

Serviettentechnik

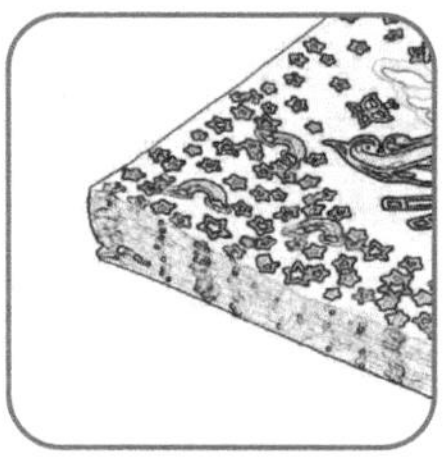

Material
Serviette, Serviettenlack bzw. Acryllack

Gegenstände zum Bekleben aus

- Glas z. B. Vasen, Windlichter, Flaschen
- Keramik z. B. Teller, Blumentöpfe, Ziegel
- Kunststoff z. B. Ostereier, Gartenkugeln, Vorratsbehälter
- Metall z. B. Dosen, Gießkannen, Anhänger
- Holz z. B. Tabletts, Obstschalen, Bilderrahmen

Variante 1
Das gewünschte Motiv aus der Serviette ausschneiden oder -reißen und die oberste Schicht entfernen. Diese auf den Gegenstand legen und den Lack von der Mitte aus nach außen mit dem Pinsel auftragen. Trocknungszeit: ca. eine Stunde.

Variante 2
Das gewünschte Motiv aus der Serviette ausschneiden oder reißen und die oberste Schicht entfernen. Den Gegenstand an der Stelle mit Kleber bestreichen, auf der das Motiv platziert wird. Die Serviettenlage an der mit Kleber versehenen Stelle auf den Gegenstand legen und eine zweite Lackschicht von der Mitte aus nach außen mit dem Pinsel auf der Serviette auftragen. Trocknungszeit: ca. zwei Stunden.

REISSGEFAHR UND HERBSTBLÄTTER

Damit die Serviette nicht reißt, Kleber sparsam auftragen und mit geringem Druck über die Serviette streichen.

Als Herbstdekoration können Windlichter von geübten Teilnehmern mit Herbstblättern anstatt mit Servietten beklebt werden. Die Blätter dazu zwei Tage lang pressen und trocknen.

«««« o »»»»

Papierfalten

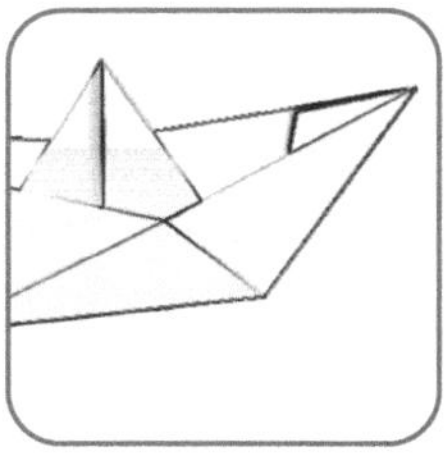

Material
Origami-Papier, Packpapier, Buntpapier, Geschenkpapier, Faltpapier

Verwendung
Dekorationsgegenstände

Modelle zur Weiterverarbeitung z. B. Tischschmuck, Kalenderblätter, Karten, Collagen

Figuren
Hüte, Briefumschläge, Schachteln, Tüten, Bilderrahmen, Lampenschirme, Tischlichter, Windspiele, Tiere, Schiffe, Sterne, Blüten etc.

Vorgehensweise
Das Papier nach Anleitung falten. Im Folgenden finden Sie konkrete Anleitungen.

FALTARBEITEN – PAPIERSTÄRKE UND -FORMAT

Nicht jede Papierstärke ist für jede Faltarbeit geeignet. Dies hängt vom Verwendungszweck und der Plastizität des Produkts ab. Probieren Sie die Faltarbeit in verschiedenen Papierstärken zuvor selbst aus, um ein gutes Ergebnis zu erzielen.

Filigrane Faltarbeiten können teilweise mit Papieren größeren Formats und höherer Stärke auch mit beeinträchtigten Menschen ausgeführt werden. Probieren Sie die Faltarbeit ebenso mit Papieren unterschiedlicher Stärke im Vorfeld selbst aus.

«« o »»

Schmetterling

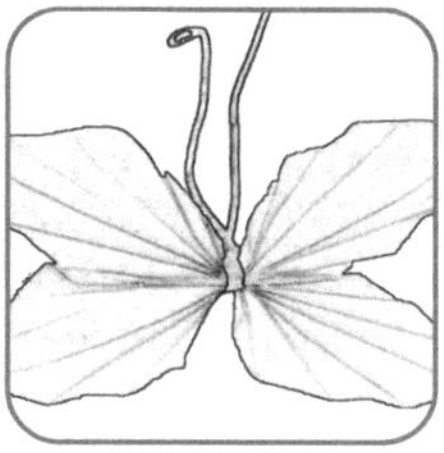

Material
Zwei Origami-Papiere quadratisch und gleicher Größe
Pfeifenputzer passend zum Farbton der Papiere

Vorgehensweise
Das Papier von einer Spitze zur gegenüberliegenden Spitze zu einer Ziehharmonika falten (Bilder unten). Das zweite Papier ebenso falten. Die gefalteten Blätter mit Pfeifenputzer so zusammenbinden, dass die untere Spitze des einen Blattes die obere Spitze des anderen Blattes berührt und die Ziehharmonika von Blatt zu Blatt weitergeführt wird (Bild auf rechter Seite oben). Überstehender Pfeifenputzer bildet zwei Fühler. Die Flügel vorsichtig auseinanderziehen. Die Flügelspitzen eventuell abrunden.

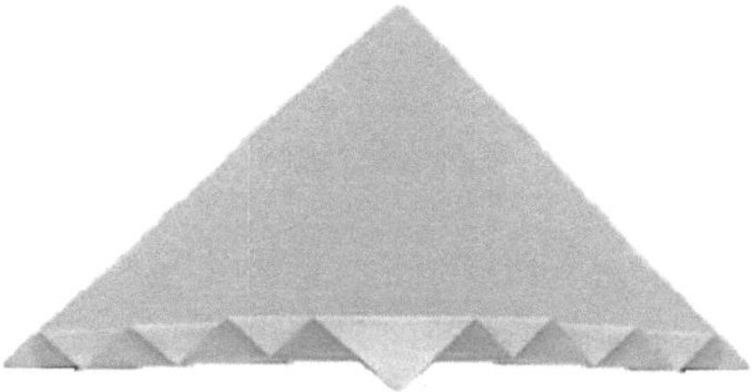

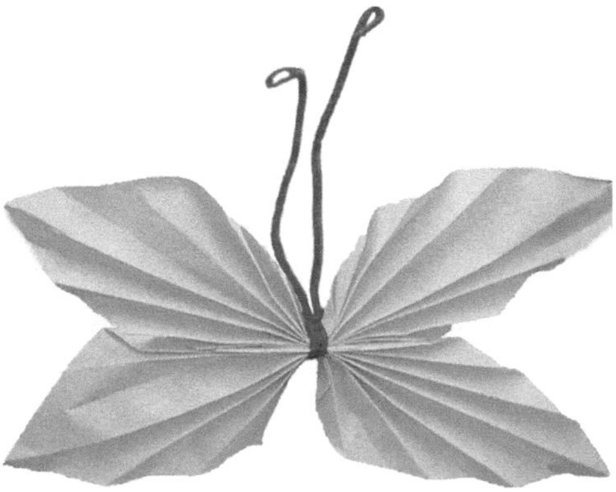

SCHMETTERLING – PAPIERSTÄRKE UND -FORMAT

Je filigraner die Schmetterlinge, desto dünner das Papier: Z. B. eignen sich Faltpapier bzw. Origamipapier oder Geschenkpapier. Je größer die Schmetterlinge, desto stärker das Papier: Z. B. eignen sich Packpapier oder Tonpapier. Je filigraner der Schmetterling, desto feiner die Faltarbeit, je größer der Schmetterling, desto grober die Faltarbeit.

«««« o »»»»

Tischschmuck

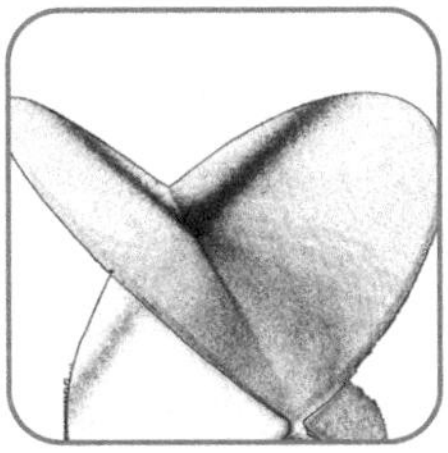

Material

Rosette: Ein Tonpapierstreifen 70 cm x 7 cm, zwei Tonkartonkreise Ø 4 cm

Kugel: Vier Tonkartonkreise Ø 7 cm

Vorgehensweise Rosette

Den Streifen an der kurzen Seite beginnend zu einer Ziehharmonika falten. Die Enden an den beiden kurzen Seiten so zusammenkleben, dass ein Rad entsteht. Auf die beiden Seiten des Rads mittig einen Kreis kleben, indem die Radform flach auf den Tisch aufgelegt wird. Nach Belieben kann ein Strohhalm oder Holzspieß in eine Falte geklebt werden.

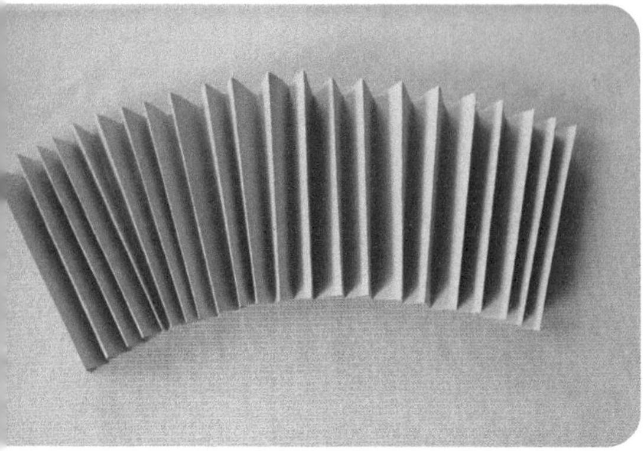

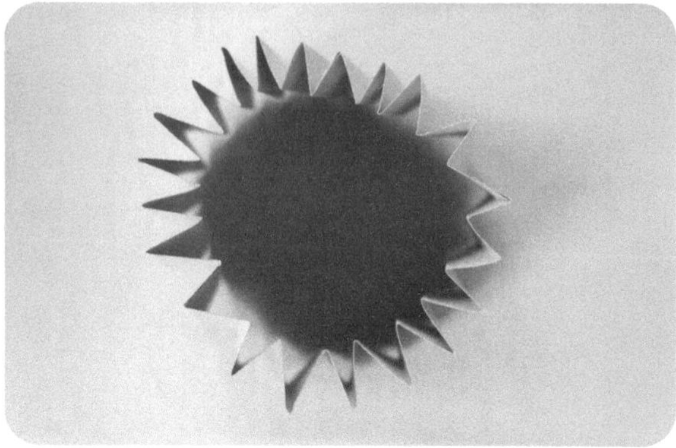

ALLESKLEBER

Alleskleber hält die Kartonelemente am besten zusammen und trägt zur Stabilisierung des Gebildes bei.

Vorgehensweise Kugel

Jeden Kreis einmal mittig falten und wieder öffnen. Zwei Kreise an einer Hälfte zusammenkleben. Den dritten Kreis zur Hälfte an eine offene Seite des entstandenen Gebildes kleben. Den vierten Kreis an die beiden verbliebenen Kreishälften kleben.

VARIANTEN

Anstatt der Kugel können viele andere Figuren dreidimensional dargestellt werden wie Ostereier oder Obst. Dazu die ausgewählte Form ebenfalls mindestens vier Mal ausschneiden und wie beschrieben zusammenkleben. Je mehr Elemente verwendet und zusammengefügt werden, desto plastischer wirkt das Gebilde.

Stern

Material

Tapete, Packpapier oder Geschenkpapier in Form eines gleichseitigen Dreiecks (Seitenlänge mindestens 15 cm)

Vorgehensweise

Eine Spitze des Dreiecks auf die gegenüberliegende Seitenmitte falten und das Papier wieder öffnen. Mit den anderen Dreiecksspitzen genauso vorgehen. Eine Spitze des Dreiecks wieder auf die gegenüberliegende Seitenmitte falten und mit Abstand die Spitze wieder nach außen falten, so dass ein kleineres Dreieck entstanden ist. Mit den anderen Dreiecksspitzen genauso vorgehen. Rundum eine Ecke so unter die andere schieben, dass sich der Stern nicht mehr öffnet.

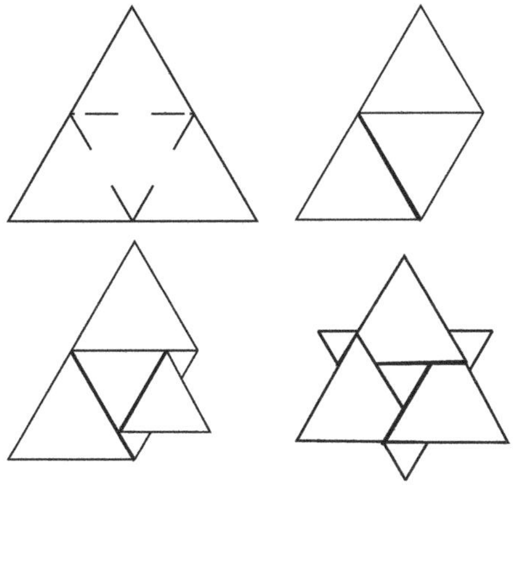

BOTSCHAFT

In das mittlere Dreieck kann ein Text geklebt werden z.B. für eine Einladung oder einen Gruß.

Stufe 4

Weihnachtsbaum

Material
Magazin

Vorgehensweise
Die Zeitschrift an der Heftung, also dort wo die Seiten zusammengehalten werden, weichkneten und die Zeitschrift wie zum Lesen bereitlegen. Die einzelnen Seiten werden nun nacheinander in derselben Weise gefaltet:

Die erste Seite von rechts oben zur Faltkante der Zeitschrift falten, wodurch sich ein Dreieck ergibt. Dann nochmals die nunmehr schräge Kante von rechts oben wiederum zur Faltkante der Zeitschrift falten. Die nun unten aus dem Heft herausragende Ecke so nach oben knicken, dass die Faltkante der Heftkante entspricht. Diese in das Faltgebilde einschieben quasi in das Heft hinein.

Die Umschlagseiten des Magazins entfernen und die erste und letzte Seite zusammenkleben. Die Falten zu einem kreisförmigen Gebilde auffächern.

LEICHTERE ALTERNATIVE, NACHKLEBEN, GESTALTUNG

Falls der letzte Faltvorgang für Teilnehmer nur schwer umsetzbar ist, entfällt dieser und die aus dem Heft herausragende Ecke wird zum Abschluss lediglich nach oben geknickt.

Je höher die Seitenzahl, desto voller der Baum und höher der Faltaufwand. Falls sich nach dem Auffächern und Kleben Seiten lösen, bearbeiten Sie diese mit Heißkleber oder einem anderen schnell haftenden Klebstoff nach.

Der Baum kann beliebig farblich und mit Christbaumschmuck kleiner Größe weitergestaltet werden.

Stufe 4

«««« o »»»»

Wandschmuck aus Papier

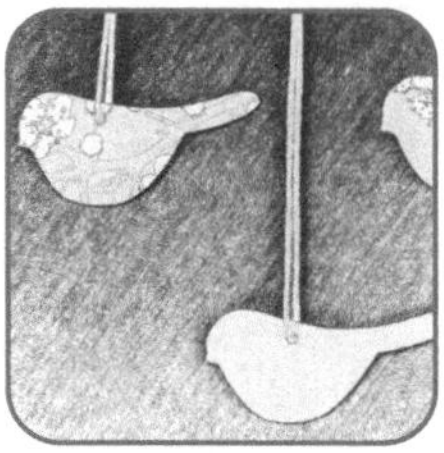

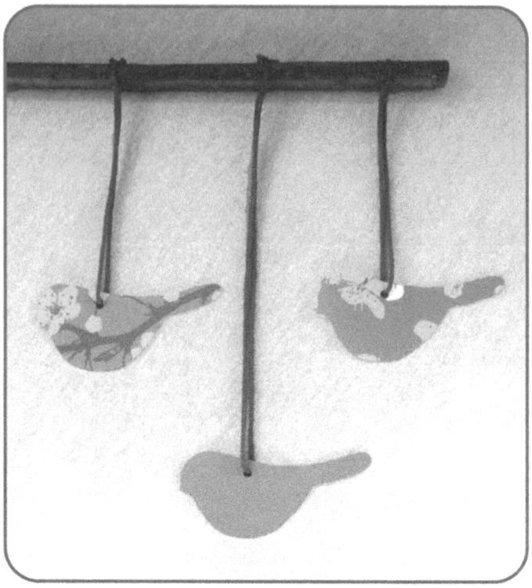

Material
Ast, Tonkarton, Schablonen, evtl. Garn

Figuren
Herzen, Osterhasen, Ostereier, Windräder, Vögel, Schmetterlinge, Fische, Sonnen, Äpfel, Birnen, Blätter von Bäumen, Monde, Tannenbäume, Weihnachtsbaumkugeln

Vorgehensweise
Die Figuren aus dem Tonkarton ausschneiden. Mit einer Lochzange an jeder Figur eine Öffnung einstanzen, durch diese wird Wolle oder Garn gefädelt. Das andere Ende der Schnur dient zum Anknoten der Figur am Ast.

«««« o »»»»

Figur aus Papierstreifen

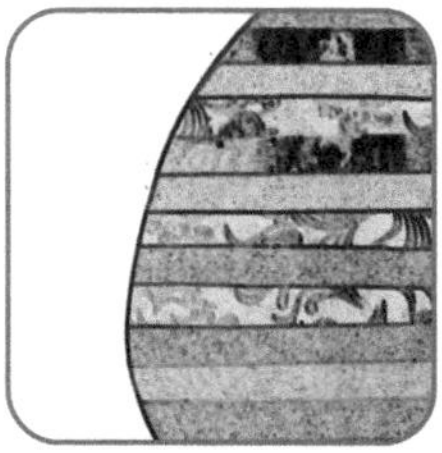

Material
Schablone DIN A5, Tonpapier hell DIN A5, Papierstreifen 0,5 bis 1 cm breit

Figuren
Herzen, Ostereier, Buchenblätter, Erlenblätter, Äpfel, Birnen, Herbstdrachen, Schneemänner, Tannenbäume, Geschenkboxen, Weihnachtsbaumkugeln

Variante 1
Die gewünschte Form auf das Tonpapier aufzeichnen. Papierstreifen waagrecht innerhalb der Form untereinander anordnen, auf die gewünschte Länge kürzen und aufkleben. Dazu partiell vorgehen und das Papier stückweise mit Hilfe eines Klebestifts bekleben.

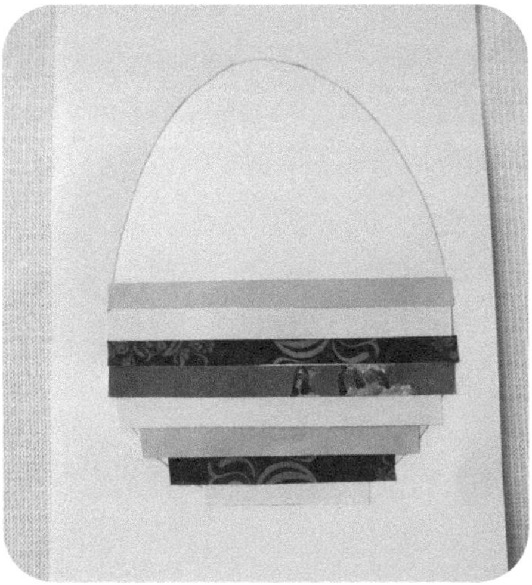

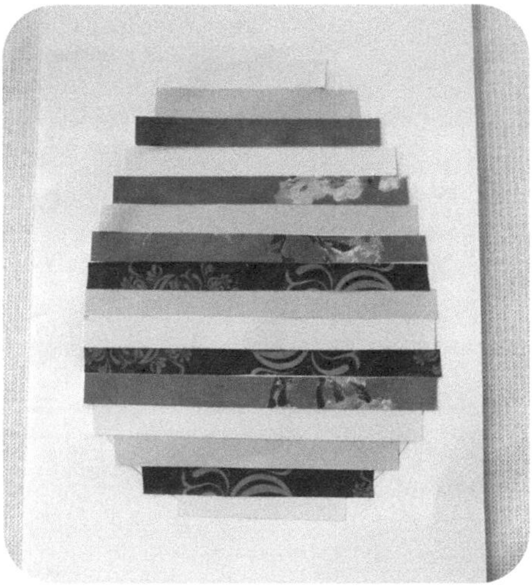

Variante 2
Wie in Variante 1 beschrieben vorgehen, die Papierstreifen ragen jedoch großzügig über die Begrenzungslinien hinaus. Die Form auf ein zweites Tonpapier gleicher Größe übertragen und die Form so ausschneiden, dass ein Rahmen entsteht. Den Rahmen auf das Papierstreifengebilde kleben.

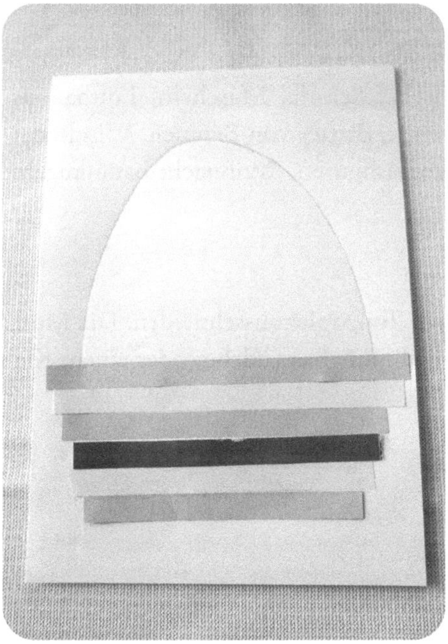

GRUNDFORMEN UND VARIANTE

Praktisch für diese Technik sind Formen, die an geometrischen Grundformen wie Dreieck, Viereck, Oval oder Kreis orientiert sind.

Idee: Ein Buntpapierviereck ausschneiden und am unteren Rand eines Tonpapiers mittig aufkleben, dies ergibt den Stamm. Buntpapierstreifen reißen und auf dem Tonpapier zu einer Dreiecksform aufkleben, dies ergibt die Tannenbaumform. Krepppapierkügelchen aufkleben, diese symbolisieren die Kugeln.

«««« o »»»»

Tonpapierkarte

Material
Faltkarte aus einfarbigem Tonkarton, Schablone und zugehörige Elemente, Tonpapier

Figuren
Herzen, Osterhasen, Ostereier, Blüten, Vögel, Schmetterlinge, Sonnen, Fische, Schiffe, Muscheln, Luftballons, Igel, Eulen, Pilze, Äpfel, Birnen, Herbstdrachen, Blätter von Bäumen, Windräder, Schneemänner, Sterne, Monde, Engel, Nikolausfiguren, Weihnachtsbaumkugeln, Tannenbäume

Vorgehensweise
Das Motiv und zugehörige Elemente aus dem Tonpapier ausschneiden. Die Motive auf die Vorderseite der Karte aufkleben (z. B. mit Bastelkleber oder einem Klebestift).

PAPIERARTEN, -STÄRKE UND SCHNEIDEHILFE

Als Papier können ebenfalls Tapete, Packpapier, Geschenkpapier oder Buntpapier verwendet werden.

Die Papierstärke hängt davon ab, wie filigran die Figur ausgearbeitet wird und welche feinmotorischen Fähigkeiten Teilnehmer mitbringen. Bieten Sie mehrere Papiere zur Auswahl an und lassen Sie Teilnehmer probeschneiden.

Wenn Teilnehmer beim Schneiden trotzdem Probleme haben, die Figuren oder Formen passgenau auszuschneiden, werden diese mit der Seite auf das Papier geklebt, auf der die Filzstiftlinien zu sehen sind. Die unbezeichnete Seite zeigt dann nach oben.

««« o »»»

Motivkette aus Tonkarton

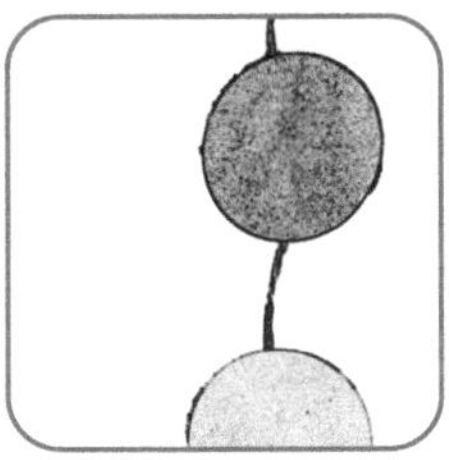

Material
Schablone, Tonkarton, Garn

Figuren
Herzen, Ostereier, Fische, Erlenblätter, Birkenblätter, Äpfel, Sterne, Engel

Stufe 4

Vorgehensweise
Motive mit den Schablonen auf Tonkarton übertragen und ausschneiden. Dabei jedes Motiv doppelt ausschneiden. Das Garn mit Kreppband am oberen und unteren Ende so auf dem Tisch festkleben, dass dieses leicht gespannt ist. In Abständen die Motive untereinander aufkleben, dazu immer ein Motiv mittig unter das Garn legen, mit Klebstoff bestreichen, das Gegenstück passend darauflegen und andrücken (siehe auch die Fotos auf der folgenden Seite).

ALTERNATIVER TÜRKRANZ

Ein schöner Türkranz entsteht, wenn eine Form oder eine Kombination an Formen fünfundzwanzig Mal ausgeschnitten wird und diese Formen überlappend zu einem Kreis aneinandergeklebt werden.

«««« o »»»»

Papierkette

Material
Tonpapierstreifen 45,5 cm x 13 cm

Schablone 10 cm x 11 cm

Figuren
Menschen, Tiere, Ostereier, Schiffe, Tannenbäume, Engel, Herzen

Vorgehensweise
Den Papierstreifen zu einem Leporello falten (Ziehharmonika), so dass jeweils eine quadratische Fläche von 9 cm x 13 cm entsteht.

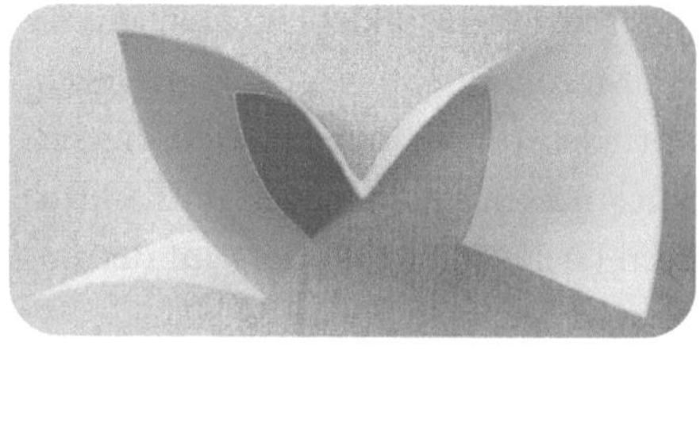

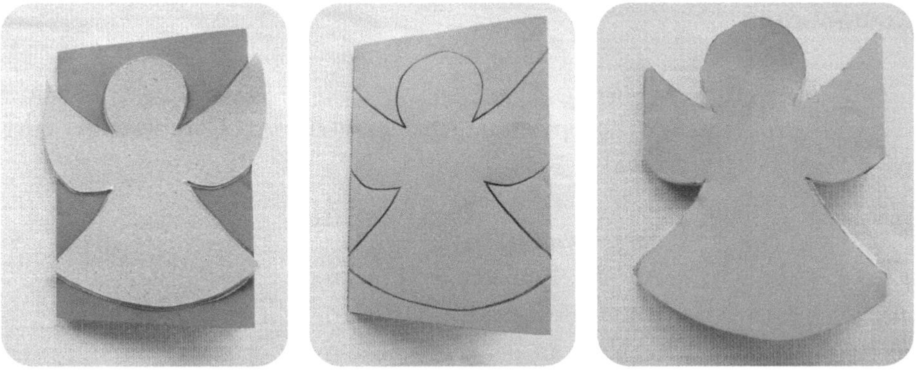

Das gewünschte Motiv so aufzeichnen, dass die Form an die rechte und linke Papierseite angrenzt bzw. über die rechte und linke Papierseite hinausgeht und eine Verbindung zwischen den Figuren bestehen bleibt. Nach dem Ausschneiden des Motives das Leporello wieder aufklappen.

PAPIERSTÄRKE, SCHABLONENGRÖSSE, SCHNEIDEARBEITEN BEI SEHBEEINTRÄCHTIGUNG

Gegebenenfalls muss ein dünneres Papier verwendet werden, dies hängt davon ab, wieviel Kraft zum Ausschneiden aufgewendet werden kann.

Die Größe der Schablone bedingt die Größe des Papierstreifens. Die genannte Schablone ist an der längsten Seite 10 cm breit. Davon wird ein Zentimeter abgezogen, damit die Figuren später nicht auseinanderfallen. Die errechneten 9 cm werden für fünf zusammenhängende Figuren mit der Zahl 5 multipliziert. Zu dem Ergebnis von 45 cm werden 0,5 cm hinzugezählt, da beim Falten Materialverlust eingeplant wird. Die genannte Schablone ist an der längsten Stelle 11 cm hoch. Hinzu kommen 2 cm Überschuss, dies ergibt 13 cm.

Bei Schneidearbeiten ist es für Sehbeeinträchtigte und in der Feinmotorik beeinträchtigte Menschen wichtig, dass Sie einfache detailarme Figuren auswählen und die Linien relativ dick und deutlich mit einer Farbe aufzeichnen, die sich dann klar von der Papierfarbe unterscheiden lässt.

Tannenbaum

Material

Wellpappe grün, Schablone DIN A5, Garn in Silber oder Gold

Vorgehensweise

Aus der Pappe einen Tannenbaum ausschneiden. Das Garn mit transparentem Klebeband an der Tannenbaumrückseite befestigen. Das Garn nach Belieben mehrmals um die Figur wickeln (siehe Seite 78). Das Garnende wieder an der Rückseite des Kartons festkleben.

STERN

Ein Stern kann auf die selbe Weise gestaltet werden.

«««« o »»»»

Graphitwischen

Material

Aquarellpapier oder Zeichenpapier

Schablone aus Fotokarton

Graphitpulver, Pastellkreiden oder Wachsmalstifte

Verwendung

Papiere zur Weiterverarbeitung z. B. Kalenderblätter, Grußkarten, Mappen, Lesezeichen, Tischsets, Collagen

Wandbild

Motive

Motive mit fließenden Übergängen wie Schmetterlinge, Spiegelungen im Wasser, Himmelsansichten, Regenbögen, Sonnenuntergänge, Unterwasserwelten, Sturmszenen, Uferstriche, Wüstenszenen

Dinge aus der Natur wie Pflanzen, Früchte, Tiere

Stillleben, Porträts

Variante 1
Das Graphitpulver mit einem Borstenpinsel auf den Rand der Schablone tupfen. Die Schablone auf das Papier legen und das Pulver mit dem Pinsel über den Rand der Schablone wischen.

Variante 2
Mit Pastellkreide den Rand der Schablone bemalen. Die Schablone auf das Papier legen und die Farbspuren mit einem Borstenpinsel über den Rand der Schablone wischen. Das Werk zum Schutz mit Haarspray einsprühen und trocknen lassen.

Variante 3
Mit Wachsmalkreide den glatten Rand der Schablone bemalen. Die Schablone auf das Papier legen und die Farbspuren mit dem Finger über den Rand der Schablone wischen.

Siehe für diese Techniken auch die Bilder auf Seite 118

SCHABLONENVERWENDUNG, VORSICHTSMASSNAHMEN, PLASTISCHE EFFEKTE

Sowohl die ausgeschnittene Form als auch die Umrissform können zum Graphitwischen verwendet werden. Bei ausgeschnittenen Figuren wird die Farbe nach außen und bei Umrissformen bzw. Rahmen nach innen gestrichen.

Achtung: Graphit nicht einatmen, Hände so schnell wie möglich säubern!

Figuren können in einem Arbeitsgang übereinander oder nebeneinander gesetzt werden. Dadurch entstehen helle und dunkle Bildpunkte bzw. werden plastische Effekte erzielt. Grußkarten können mit dieser Technik ebenso gestaltet werden.

Futterstation

Material
Holzschraubzwingen, Sperrholzplatte 10 mm, Handsäge, Schleifpapier, Schablone eines Hauses, Acrylfarbe, zwei Ringschrauben mit einer Gewindelänge von 5 mm, Bohrmaschine und Holzbohrer Ø 3 mm, der Korken einer Weinflasche, zwei Maisenknödel im Netz

Vorgehensweise
Die Schablonenform (siehe dazu Seite 201) auf die Holplatte übertragen und aussägen. Die Kanten mit Schleifpapier glätten. Das Holz nach Belieben mit Farbe gestalten und trocknen lassen. Im oberen Drittel der Platte auf beiden Seiten eine Ringschraube einschrauben. Dazu entsprechende Löcher vorbohren. Im unteren Drittel der Platte mittig den Korken an der Kreisfläche ankleben. Das Futter an den Ringschrauben befestigen.

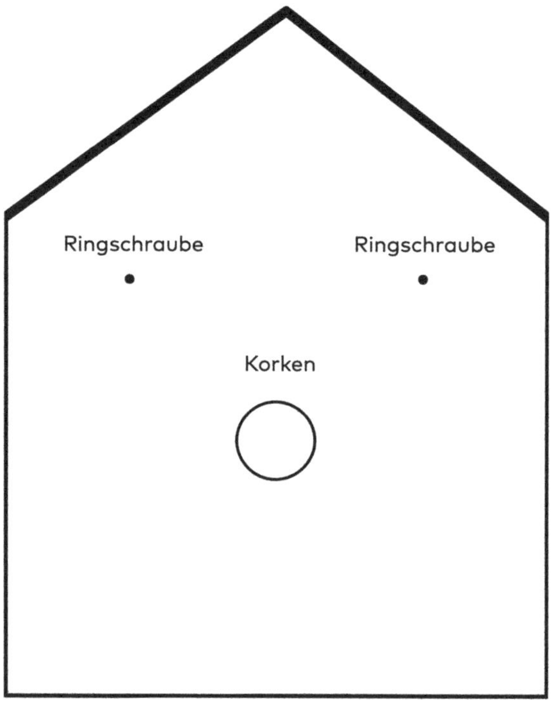

HANDBOHRER, FARBAUFTRAG, ANBRINGUNG

Im Handel werden Handbohrer angeboten, die für Vorarbeiten oder Arbeiten mit weichem Holz ohne Strom konzipiert sind.

Eine Grundfarbe komplett aufbringen und antrocknen lassen. Erst danach weitere Elemente und Einzelheiten mit anderen Farbtönen aufmalen.

Die Anleitung ist für das Bearbeiten einer Holzseite und das Anbringen an einer Wandfläche konzipiert. Soll die Station von allen Seiten zugänglich aufgehängt werden, so kann die Rückseite ebenso bearbeitet werden. Dann benötigen Sie vier Ringschrauben, zwei Korken und vier Maisenknödel.

««« o »»»

Nagelbrett

Material
Holzplatte DIN A4, Beize oder deckende Farbe, Borstenpinsel breit bzw. Malerpinsel

Schablone DIN A4, Nägel, Hammer

Figuren
Ostereier, Fische, Muscheln, Luftballons, Sonnen, Äpfel, Borkenblätter, Drachen, Monde, Sterne, Weihnachtsbaumkugeln, Herzen, Häuser

Vorgehensweise
Die Holzplatte farbig grundieren und trocknen. Die Grundform aufzeichnen und in regelmäßigen Abständen von einem Zentimeter die Nägel auf der Grundlinie einschlagen. Wolle spannen, indem sie von einem Nagel zum anderen geführt wird.

GRUNDFORMEN

Praktisch für diese Technik sind Formen, die an geometrischen Grundformen wie Dreieck, Oval oder Kreis orientiert sind.

Stufe 4

Holzfigur am Stab

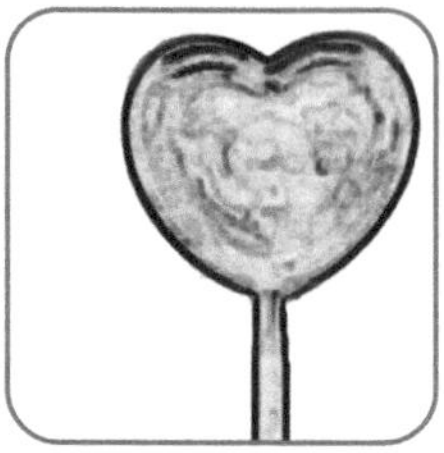

Material
Schablone DIN A5, Sperrholzplatte oder dünne Vollholzplatte DIN A5, Holzschraubzwingen, Laubsäge, Schmirgelpapier, Vierkantleiste aus Holz 5 mm x 5 mm, Holzkleber (Weißleim), Acrylfarbe

Figuren
Obst, Verkehrsmittel, Tiere, Krippenfiguren, Engel

Vorgehensweise
Die Form auf die Holzplatte übertragen und aussägen. Die Kanten mit dem Schmirgelpapier abrunden. Die Leiste auf der Rückseite der Figur ankleben. Das Objekt kann dann beliebig bemalt werden.

GRUNDFORMEN, FARBAUFTRAG, ANBRINGUNG

Am einfachsten auszusägen sind an geometrische Grundformen erinnernde Konturen ohne ausgeprägte Einzelheiten. Auch können Figuren aus mehreren Teilen zusammengesetzt werden.

Eine Grundfarbe komplett aufbringen und antrocknen lassen, erst danach weitere Elemente und Einzelheiten mit anderen Farbtönen aufmalen.

««« o »»»

Tonen – Wulsttechnik

Material
Modellierton, Holzplatte

Gegebenenfalls Gegenstände mit versiegelter Oberfläche und mit einfacher klarer Form wie Schalen oder Blumentöpfe

Verwendung
Vasen, Blumentöpfe, Schalen und sonstige Behälter

Variante 1
Den Ton auf der Holzplatte kräftig durchkneten. Aus einzelnen Tonstücken Tonwürste formen, indem der Ton mit der Handfläche über die Unterlage von der Mitte her nach außen gleichmäßig ausgerollt wird. Zuerst eine dicke Grundplatte als späterer Boden der Form gestalten. Tonwürste auf der Grundplatte »stapeln«, dabei die einzelnen Lagen an der Innenseite miteinander verstreichen und von außen leicht gegendrücken (siehe Seite 132).

Variante 2 (Gegenstand abformen)
Den Ton auf der Holzplatte kräftig durchkneten. Den Gegenstand, der mit Ton abgeformt werden soll, mit der Öffnung nach unten auf den Tisch legen und von der Kante mit Hilfe der Wulsttechnik nach oben zur Unterseite des Gegenstands arbeiten. Dann wird die Außenseite des Tongefäßes glatt gestrichen.

Alternativ den Gegenstand mit der Öffnung nach oben auf den Tisch legen und von der Unterseite nach oben zur Kante des Gegenstands im Inneren des Gegenstands arbeiten. Dann wird die Innenseite des Tongefäßes glatt gestrichen.

In beiden Fällen das Objekt nach dem Trocknen vorsichtig aus der Form lösen.

Stufe 4

WULSTTECHNIK

Mittels eines Fleischwolfs, dessen Öffnungen mindestens einen Zentimeter Durchmesser aufweisen, lassen sich gleichmäßige Tonschlangen erzeugen.

Wenn Sie nach der zweiten Variante arbeiten und der abmodellierte Gegenstand mit der Öffnung nach oben weist, können Sie das Gefäß vorab mit zwei Papierstreifen auslegen. Falten Sie dafür Zeitungspapier mehrmals zu zwei »Streifen« und legen Sie diese über Kreuz in das Gefäß, so dass oben die vier Enden ein gutes Stück herausragen. Dann können Sie später das Werk einfach an den vier Enden aus dem Gefäß herausziehen.

Lassen Sie das Werk nach einer Antrocknungsphase in einer zugeknoteten Plastiktüte zu Ende trocknen, um Rissbildung zu vermeiden. Entfernen Sie Fingerspuren an der Außenseite des Tongebildes vorsichtig mit einem feuchten Haushaltsschwamm.

Getrockneter Ton erhält einen Glanz, wenn er mit einem Gegenstand aus Metall, Stein, Holz oder Leder poliert wird.

««« o »»»

Luftballonlaterne

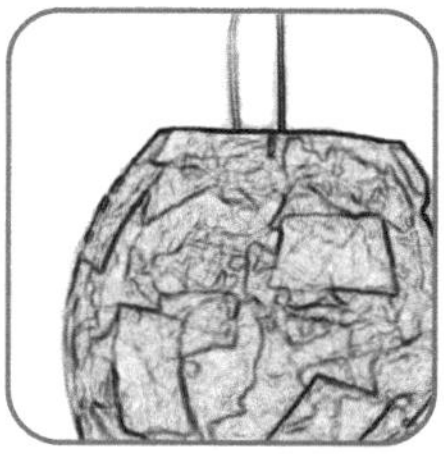

Material
Luftballon, Transparentpapier, Tapetenkleister

Vorgehensweise
Den Luftballon auf die gewünschte Größe aufblasen und zuknoten.

Mehrere Lagen Papierschnipsel aufbringen. Dazu zuerst Kleister auf das Objekt pinseln und dann das Papier auflegen. Nach dem Trocknen den oberen Rand großzügig abschneiden, so dass eine kreisrunde Öffnung entsteht. Luftballonreste vorsichtig entfernen.

BALLONHALTER

Wenn Sie den Luftballon beim Bearbeiten mit dem Knoten nach unten zeigend an einem Pappring mit Platte festbinden rollt dieser nicht davon.

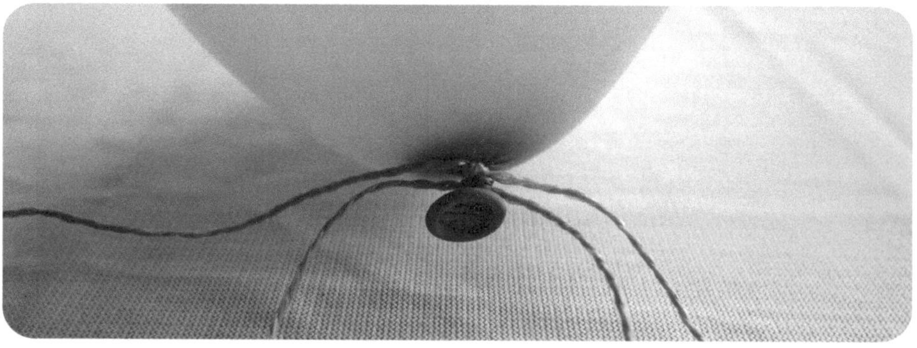

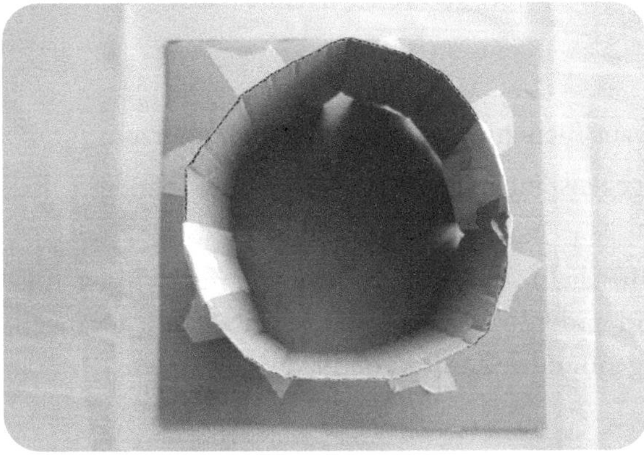

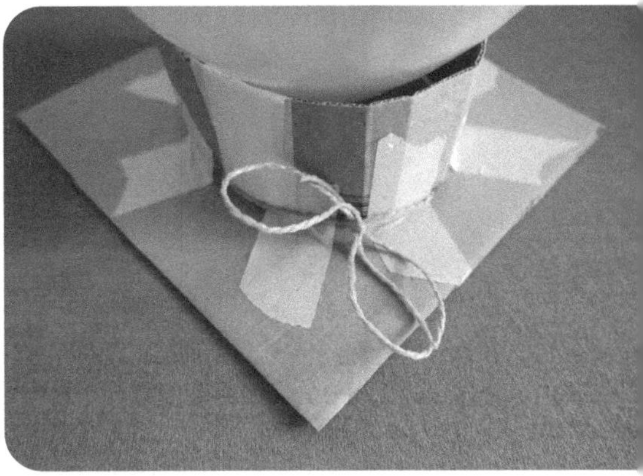

«««« o »»»»

Windspiel

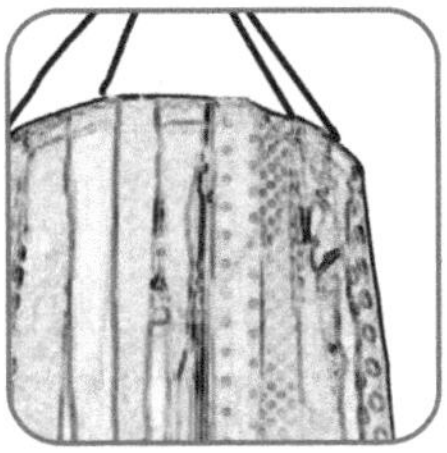

Material
Stoffbänder, Ring aus Holz oder Styropor, Paketschnur

Vorgehensweise
Stoffbänder nebeneinander an den Ring knoten. Als Aufhängung an vier Punkten des Rings eine Schnur anknoten, jeweils zwei Punkte stehen sich gegenüber und alle vier Punkte sind im gleichen Abstand zu den entsprechenden Nachbarpunkten gesetzt. Die vier Schnurenden ebenfalls zusammenknoten, damit sie als Aufhängung dienen können.

GEEIGNETE GEGENSTÄNDE, FARBLICHE GESTALTUNG, SICHERHEITSDOSENÖFFNER

Nahezu alle Gegenstände geringen Gewichtes können für Windspiele verarbeitet werden, von Federn über Treibhölzer bis hin zu Perlenketten.

Kunststoffröhren, Konservendosen oder Schraubglasdeckel lassen sich zudem mit Acrylfarbe farblich gestalten.

Verwenden Sie für Konservendosen einen Sicherheitsdosenöffner, der keine scharfen Kanten hinterlässt.

Motivkette

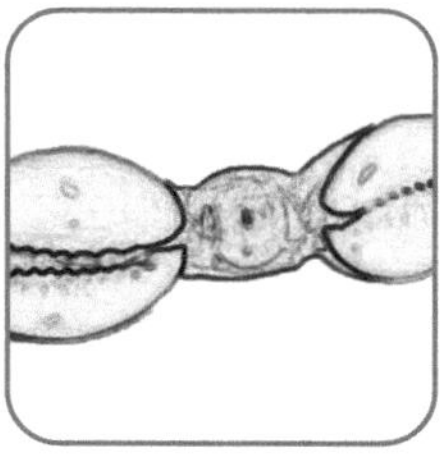

Figuren

Elemente aus Bienenwachs, Filz oder Pfeifenputzern

Miniaturgegenstände, Perlen, Schleifen aus Bändern, Rebenkugeln

Federn, Muscheln, Treibhölzer, Blüten, Apfelscheiben, Kastanien und andere Herbstfrüchte, Scheiben von Orangen, Zimtstangenbündel, Zapfen von Nadelbäumen etc.

Vorgehensweise

Materialien mit Abstand zueinander an Garn oder Draht auffädeln bzw. mit Klebstoffen befestigen.

BIENENWACHSFIGUREN, LÖCHER STANZEN, MOBILE

Aus Bienenwachsplatten werden mit Ausstechformen entsprechend der Jahreszeit Figuren ausgestanzt.

Mit einem Lochstanzer oder einem kleinen Handbohrer, auch Kastanienbohrer genannt, lassen sich in viele Gegenstände Öffnungen zum Einfädeln des Befestigungsmaterials einarbeiten. Muscheln können schon vorgebohrt gekauft werden.

Motivketten sind wie bemalte Kunststoffröhren, verzierte Konservendosen, bunte Schraubglasdeckel oder laminierte Abbildungen als Bestandteile von Mobile ein Hingucker.

Zwerg

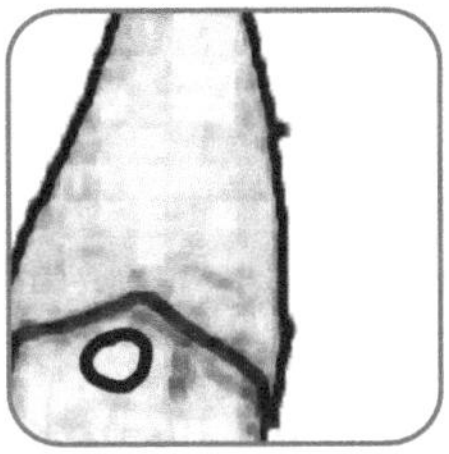

Material

Holzstamm Ø 8 cm, 13 cm lang

Filzwolle weiß, Holzkugel Ø 1 cm

Halbkreis aus rotem Bastelfilz Radius 6,5 cm bzw. 13 cm Länge an der geraden Schneidkante

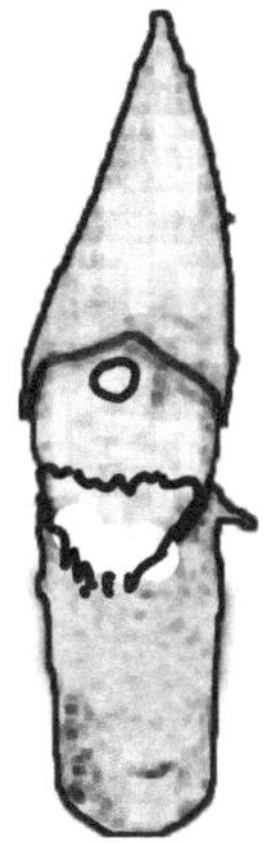

Vorgehensweise

Am oberen äußeren Rand des Holzstamms Filzwolle als Bart ankleben. Darauf mittig eine Holzkugel als Nase kleben. Mit dem Halbkreis aus rotem Bastelfilz eine kegelförmige Mütze formen und verkleben. Die Mütze kann dann über den Holzstamm gezogen werden und markiert zusammen mit Nase und Bart das Gesicht bzw. den Kopf des Zwergs.

MATERIALTIPPS

Verwenden Sie Alleskleber.

Anstatt eines Holzstamms kann auch ein Rundholz oder eine bemalte Papprolle verarbeitet werden.

Watte kann als Bart ebenso verwendet werden. Die Farbe der Mütze kann variieren. Mit weißem Filz entsteht eine Wichtelfigur. Vielleicht strickt ein fitter Teilnehmer eine Wollmütze.

«««« o »»»»

Salzteigfigur

Material

Grundrezept Salzteig: 400 g Weizenmehl, 400 g Salz und 300 ml Wasser

Schablone DIN A4, stumpfes Messer, Ausstechform

Stufe 4

Figuren
Katze, Haus, Vogel, Osterhase, Fisch, Leuchtturm, Eule, Baum, Erntekorb

Vorgehensweise
Den Teig einen Zentimeter dick ausrollen, die Schablone auflegen und die Form ausschneiden. Weitere Elemente aus dem Teig gestalten und auf die Form aufbringen, dazu aufliegende Flächen mit Wasser befeuchten, damit sich die Einzelteile miteinander verbinden. Das Werk mehrere Tage trocknen lassen. Dann im Backofen bei 125 °C eine halbe bis eine Stunde weitertrocknen.

ARBEITEN MIT SALZTEIG

Gegebenenfalls noch Mehl oder Wasser hinzufügen, so dass eine Modelliermasse entsteht, die nicht klebt oder krümelt.

Ebenso können wie beim Tonen Türschilder, Windlichter, Schalen und Blumenstecker aus Salzteigplatten hergestellt werden. Werke für den Außenbereich mit wasserfester Farbe bemalen und zusätzlich mit Schutzlack überziehen.

««« o »»»

Webbild

Material
Vier stabile, gerade gewachsene Zweige oder vier Stäbe gleicher Länge

Gegenstände zum Dekorieren z. B. Miniaturgegenstände, Stoffstreifen, Zweige, Rinde, Blumen, Blätter, Federn, Moos, Zapfen

Vorgehensweise
Die vier Holzelemente so zu einem Quadrat legen, das zum einen die Enden etwa drei Zentimeter aus dem Gebilde herausragen und zum anderen das obere und untere Holz auf den zwei seitlichen Hölzern aufliegen. Die Ecken fest verknoten (siehe Seite 91). Nun den Webrahmen mit Wolle bespannen. Dazu wird Wolle an gegenüberliegenden Punkten am oberen und unteren Holz angeknotet. Der Webrahmen

dient als Bilderrahmen und wird nicht entfernt. Verschiedene Gegenstände können durch Weben, Einspannen oder Anknoten eingearbeitet werden.

OBERFLÄCHE ANRAUEN UND BESPANNUNG

Die Holzoberfläche gegebenenfalls mit Schleifpapier anrauen. Ist das Material zu glatt, verrutscht die Bespannung.

Wenn die Wolle beim Bespannen vor dem Knoten einmal um das Holz gewickelt wird, verrutscht die Wolle ebenfalls weniger leicht.

«««« o »»»»

Farbsandkarte

Material
Faltkarte unifarben, doppelseitiges Klebeband, Sand, Batikfarbe, Dekorationselemente

Motive
Im Frühling grüngefärbten Sand verwenden und die Karte mit Blüten und Schmetterlingen bekleben.

Für den Sommer blaugefärbten Sand verwenden und die Karte mit kleinen Muscheln und Schiffen bekleben.

Im Herbst grüngefärbten Sand verwenden und die Karte mit Blättern und Igeln bekleben.

Für den Winter rotgefärbten Sand verwenden und die Karte mit Sternen und Weihnachtsbäumchen bekleben.

Vorgehensweise
Sand mit Pulver für Batikfarbe vermischen, mit etwas heißem Wasser übergießen und trocknen lassen.

Das Klebeband in Form schneiden und auf die Karte kleben. Die Schutzfolie auf der Oberseite ebenso entfernen und Sand darüberstreuen. Dieser bleibt am Klebeband haften. Überschüssigen Sand durch das schräge Halten der Karte entfernen. Weitere Elemente aufkleben (z. B. mit Alleskleber).

Figur aus Zweigen

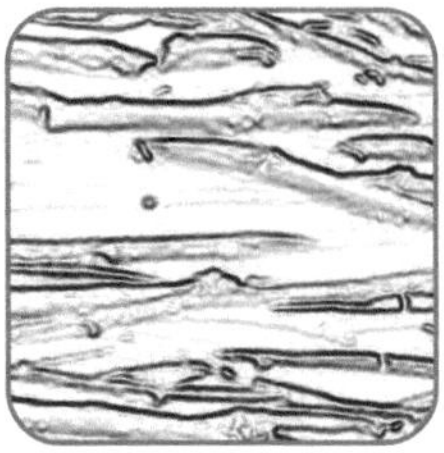

Material
Schablone, Zweige, Handsäge oder Gartenschere, Kartonstreifen

Figuren
Herz, Osterei, Birne, Tannenbaum, Weihnachtsbaumkugel

Vorgehensweise
Die gewünschte Form auf Papier aufzeichnen. Zweige waagrecht innerhalb der Form untereinander anordnen und auf die gewünschte Länge kürzen (siehe Bilder zur "Figur aus Pappstreifen", S. 167). Über die Zweige senkrecht mittig einen Streifen Karton als Verbindungselement kleben (z. B. mit Alleskleber).

ZWEIGE IN FORM BRINGEN

Praktisch für diese Technik sind Formen, die an geometrischen Grundformen wie Dreieck, Viereck, Oval oder Kreis orientiert sind.

Damit die Zweige in Position bleiben, einen Kartonstreifen an den Enden zusammenkleben, in Form bringen und die Zweige in die Form legen.

Im Handel können große Ausstechformen beispielsweise für Ostereifiguren erworben werden.

««« o »»»

Baumschmuck

Material
Grundrezept Kaltporzellan: 5 Tassen Backpulver, 2 Tassen Speisestärke, 2 ½ Tassen Wasser

Topf, Schneebesen, hitzebeständiges Gefäß, Küchenpapier, Ausstechformen, Strohhalm, Geschenkband oder Kordeln

Vorgehensweise
Die Zutaten unter ständigem Rühren zu einem Brei aufkochen und in dem separaten Gefäß auf Handwärme herunterkühlen lassen. Dazu ein Blatt nasses Küchenpapier auf die Masse legen.

Eine Kunststoffunterlage mit Stärke bestäuben und den Teig ausrollen. Die gewünschten Formen ausstechen und mittels eines Strohhalms mit Löchern versehen. Durch diese wird später das Band gezogen. Die Formen zwei Stunden trocknen lassen, danach wenden und fertig trocknen lassen.

FARBGESTALTUNG

Die Formen mit jahreszeitlichen Farbtönen bemalen, am besten mit deckenden Farben wie Porzellanfarbe oder Lackfarbe. Die Formen können auch zur Hälfte in die Farbe eingetaucht werden. Ein besonders schöner Effekt für die Advents- und Weihnachtszeit entsteht, wenn die Formen zur Hälfte mit Goldfarbe versehen werden. Auch kann feinkörniges Glitzerpulver beim Auswellen des Teigs aufgestreut und eingearbeitet werden.

««« o »»»

Stufe 4

Mosaik

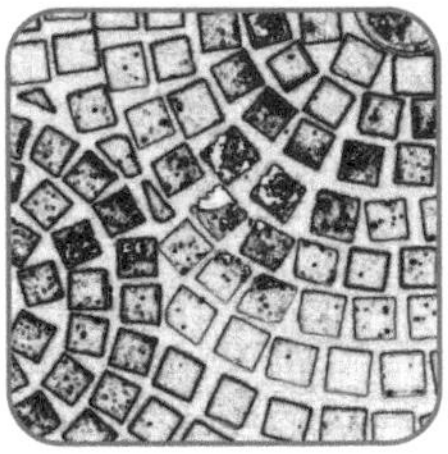

Untergrund
Dekorationsgegenstände wie Blumentopfuntersetzer, Tabletts, Teller

Material
Fugenmasse oder Gips, Rührstab, Spachtel, Mosaiksteine, Pinzette, Putzlappen weich

Motive
Muster, Mandalas, Farbkompositionen, Flächenkompositionen, Fantasiegebilde Stillleben, Portraits, Landschaften, Dinge aus der Natur z. B. Tiere oder Früchte

Vorgehensweise
Gegebenenfalls Orientierungslinien auf den Untergrund zeichnen. Die Steine nach Wunsch auf dem Untergrund platzieren und festkleben. Nachdem der Kleber ausgehärtet ist, die Fugenmasse oder den Gips nach Packungsanlage anrühren und mit dem Spachtel über dem Bild verteilen. Nach dem Antrocknen mit dem feuchten Lappen überschüssige Masse abwischen und bei Bedarf mit einem feuchten Schwamm nacharbeiten.

VERSCHIEDENE KLEBSTOFFE UND VARIANTEN

Weißleim eignet sich zum Bekleben von Untergründen aus Holz, Terrakotta, Metall oder Glas im Innenbereich, dazu mit etwas Wasser verdünnen. Silikonkleber wird bei glatten Untergründen verwendet und verträgt nach dem Trocknen Hitze. Alleskleber bindet Glassteine auf Glas am besten. Außerdem wird spezieller Mosaik- oder Fugenkleber im Handel angeboten.

Alternativ kann eine Gipsschicht auf den Untergrund aufgebracht werden. Auf diese werden die Steine dann aufgesetzt, sobald der Gips zu einer geschmeidigen Masse kurz angetrocknet ist.

Mit etwas Übung lassen sich auch Schachteln, Dosen, Blumentöpfe, Vasen, Kugeln usw. mit einem Mosaik gestalten. Mit durchsichtigen Acrylsteinen geschmückte Windlichter erzeugen einen besonders schönen Effekt.

7.2 Umsetzung als Begegnungsrunde

Eine grundlegende Einführung, wie Sie Begegnungsrunden vorbereiten, finden Sie in Kapitel 2.5: Ablauf → S. 33 bis 36.

Hauptteil: Impuls

Vorlesen einer kurzen Geschichte oder eines Gedichts passend zum Thema

Beispiele: Aktivität und Impuls

Namensschild – Gedicht »Karl der Große« (Erhard Host Bellermann)

Faltstern – Märchen »Die Sterntaler«

Sommerlicher Tischschmuck – Gedicht »Sommer« (Ilse Kleberger)

Hauptteil: Gestaltungsphase

Stellen Sie ein fotografiertes Eigenwerk oder eine eigene Kreation als Anschauungsobjekt zur Verfügung und geben Sie einen Überblick über das Ziel des Werkangebots. Erklären Sie danach Schritt für Schritt einfach und verständlich die einzelnen Arbeitsabschnitte, so dass Sie nicht zu viele Informationen auf einmal weitergeben. Wechseln Sie ab zwischen Ihrer Anleitung und dem kreativem Tun der Beteiligten. Gehen Sie wie folgt vor:

1. Vorstellung des Anschauungsobjekts
2. Gestaltungsphase unter Anleitung
3. Gemeinsames Betrachten entstandener Werke

Sprache wird durch künstlerisches Tun in Formen und Farben zum Ausdruck gebracht. Beim Lesen oder Zuhören geweckte Vorstellungen und Empfindungen werden durch die Bearbeitung von Werkstoffen verbildlicht.

8.1 Vorüberlegungen

Bestimmend für die Auswahl des Texts ist, dass er Vorstellungen in uns weckt und dadurch unsere Fantasie beflügelt. Besonders Verben, Adjektive oder konkrete Beschreibungen sind belebende Textelemente. Stellen Sie sich zur Textanalyse folgende Fragen:

- Welche Hauptfiguren kommen im Text vor (z. B. Mensch, Tier, Pflanze, Gegenstand)? Welche Eigenschaften würden Sie den Hauptfiguren zuordnen? Wie werden diese in Beziehung zueinander gesetzt? Wo findet das Geschehen statt?
- Welche Wirkung hat der Text? Welche Gefühle werden ausgelöst? Welche inneren Bilder werden geweckt?
- Welche Stichwörter prägen den Text durch Wiederholung? Wie würden Sie die Hauptfiguren und das Umfeld darstellen? Welche Formen passen dazu? Welche Farbtöne?
- Wie ist der Handlungsverlauf? In welche Abschnitte kann der Text aufgeteilt werden?

Besonders geeignet sind Fantasie- und Entspannungsreisen, Fabeln und kurze Märchen. Aber auch Gedichte und Kurzgeschichten, die beschreiben, darstellen und erzählen, können verwendet werden. Wählen Sie pro Text eine überschaubare Menge an Stichwörtern aus.

Beispiel: »Gefunden« von Johann Wolfgang von Goethe
Das Gedicht lädt zum Malen einer Blume ein.

Beispiel: »Der Fuchs und der Hahn« von Äsop
In der Fabel ist der Hahn eine Hauptfigur. Teilnehmer werden in der Umsetzung zum Malen eines Hahns eingeladen.

Beispiel: »Frederick« von Leo Lionni
In der Geschichte ist der »Herbst« zunächst prägendes Element. Die Mäuse sammeln Vorräte. Die nächste Textpassage zeichnet den »Winter« mit seinen negativen Seiten. Schließlich beschreibt Frederick den »Frühling« in all seiner Pracht. Beteiligte werden in der Umsetzung zum Malen der Jahreszeiten motiviert.

Begriff und natürliche Farbgebung im Kontext

Worte und Bezeichnungen werden mit einem bestimmten Schema verbunden und nach bestimmten Vorlagen oder mustergültigen Beispielen eingeordnet. Dingen wird eine ursprüngliche oder gesetzmäßige Farbgebung zugesprochen. Gebäude, Gegenstände, Personen, Tiere, Pflanzen etc. werden so gezeichnet oder gemalt, wie sie tatsächlich in unserer Umwelt vorkommen können.

Doch die ganze Farbpalette zur Verfügung zu stellen, kann Beteiligte überfordern. Dann ist es sinnvoll, eine Vorauswahl an Farbtönen zu treffen und das Herantasten an den Schaffensprozess zu erleichtern. Gehen Sie dazu Schritt für Schritt vor:

1. Erstellen Sie eine Liste mit Assoziationen zum ausgewählten Stichwort aus dem Text. Notieren Sie spontan innerhalb einer Minute alle Wörter, die Ihnen zu dem ausgewählten Schlagwort einfallen. Stellen Sie sich das Stichwort bildlich vor.

2. Streichen Sie aus der Liste diejenigen Assoziationen und Begriffe, die ihnen nicht prägnant und wichtig genug erscheinen. Zum Schluss bleiben nur wenige Assoziationen und Begriffe übrig, die ihre Gedanken auf den Punkt bringen.

3. Ordnen Sie entsprechende Farbtöne zu, die ihre inneren Bilder widerspiegeln.

Beispiele: Natürliche Farbgebung

- Stadt → leuchtende Farben → Gelb, Orange, Rot, Grün, Blau, Gold, Silber
- Fabrik → gedeckte Farben → Grau, Silber, Blau, Gelbbraun, Rotbraun, Braun, Schwarz
- Land → Farben aus der Natur → Gelb, Grün, Rot, Violett, Braun
- Wasser → Farben aus der Natur → Weiß, Blau, Grün, Braun, Grau, Schwarz
- Gebirge → Farben aus der Natur und gedeckte Farben → Weiß, Grau, Blau, Grün, Braun, Braunrot
- Wald → Farben aus der Natur → Gelb, Grün, Rotbraun, Braun, Schwarz
- Frühling → vor allem Farben mit Gelb-, Rot- oder Braunstich → Silbergrau, Cremeweiß, Elfenbeinweiß, Cremebeige, Gelbgold, Gelbbeige, Buttergelb, Sonnengelb, Gelborange, Honigbraun, Zimtbraun, Goldbraun, Kamelbraun, Kastanienbraun, Orangerot, Lachsrot, Pfirsichrosa, Apricot, Korallenrot, Rosenholz, Maigrün, Gelbgrün, gelbes Türkis, Türkisblau, Aquamarin, Azurblau, Kornblumenblau, Vergissmeinnicht, Flieder, Amethystviolett
- Sommer → vor allem Farben mit Blaustich → Blaugrau, Hellgrau, Steingrau, Taubengrau, Anthrazit, Graubeige, Rosabeige, Wollweiß, Elfenbeinweiß, Champagner, Weißgelb, Zitronengelb, Puderblau, Rauchblau, Jeansblau, Taubenblau, Mauve, Türkis, Mintgrün, Schilfgrün, Blaugrün, Jadegrün, Seegrün, Efeugrün, Lavendel, Flieder, Himbeerrot, Burgunderrot, Rosa, Bordeaux, Malve, Aubergine, Altrosa, Rosenholz, Rosagrau, Rosabraun, Schlammbraun, Graubraun, Silber
- Herbst → vor allem Farben mit Gelb-, Rot- oder Braunstich → Wollweiß, Elfenbeinweiß, Champagner, Beige, Messinggelb, Sonnengelb, Maisgelb, Senfgelb, Dottergelb, Currygelb, Orangerot, Ziegelrot, Erdbeerrot, Paprikarot, Kupferrotrostrot, Henna, Bordeaux, Weinrot, Aubergine, Braunviolett, Petrol, Flaschengrün, Olivgrün, Schilfgrün, Khaki, Moosgrün, Blaugrün, Gelbgrün, Braungrün, Rotbraun, Haselnussbraun, Kamelbraun, Kastanienbraun, Schokobraun, Mahagoni, Bronze, Rotgold
- Winter → vor allem Farben mit Blaustich → Reinweiß, Primärgelb, Zitronengelb, Royalblau, Marineblau, Indigoblau, Nachtblau, Eisblau, Himmelblau, Eisrosa, Fuchsia, Scharlachrot, Weinrot, Burgunderrot, Bordeaux, Kirschrot, Magenta, Primärrot, Zyklam, Pink, Blaurot, Blauviolett, Flieder, Flaschen-

grün, Primärgrün, Petrol, Blautürkis, Bitterschokoladenbraun, Tiefschwarz, Anthrazit, Silbergrau, Silber

Begriff und Farbsymbolik im Kontext

Aufgrund bestimmter Merkmale, also Eigenschaften zur Unterscheidung, und deren Verknüpfung mit der Farbsymbolik werden einzelnen Begrifflichkeiten grundsätzliche Farbgebungen zugesprochen. Farbtöne werden anhand der Wirkung des Begriffs auf den Hörer oder Leser ausgewählt. Das Gehörte wird auch hier nach eigenem Ermessen und nach eigenen Wünschen in einem Bild verarbeitet, denn Empfindungen sind immer individueller Natur.

Aber auch im Umgang mit der Textverbildlichung ist vielen Teilnehmern das Treffen einer Vorauswahl an Farbtönen eine Hilfe. Zum einen, weil sie durch ein Zuviel an Auswahlmöglichkeiten aufgrund einer krankheitsbedingten Symptomatik überfordert sind. Zum anderen, weil sie sich wegen fehlender praktischer Erfahrung in diesem Zweig des künstlerischen Schaffens diesen Arbeitsschritt noch nicht zutrauen. Gehen Sie dazu Schritt für Schritt vor:

1. Erstellen Sie eine Liste mit Assoziationen zum ausgewählten Stichwort aus dem Text. Notieren Sie spontan innerhalb einer Minute alle Wörter, die Ihnen zu dem ausgewählten Schlagwort einfallen.
2. Streichen Sie aus der Liste diejenigen Assoziationen und Begriffe, die ihnen nicht prägnant und wichtig genug erscheinen. Zum Schluss bleiben nur wenige Assoziationen und Begriffe übrig, die ihre Gedanken auf den Punkt bringen.
3. Vergleichen Sie die übriggebliebenen Wörter aus ihrer Liste mit den Anhaltspunkten im Kapitel »Farbsymbolik« (aus »Gestaltungsmittel und Methoden«). Ordnen Sie entsprechende Farbtöne zu.

Beispiele: Farbgebung und Farbsymbolik

- Stadt → innovativ, modern, eindrucksvoll, imposant, abwechslungsreich, vielfältig, schnell, hektisch, laut → Silber, Gold, Orange, Rot
- Fabrik → modern, einheitlich, gleichförmig, getaktet, monoton, mechanisch, automatisch, hektisch, laut → Silber, Grau, Braun, Schwarz, Rot
- Land → weitläufig, organisch, entspannend, langsam, eintönig, langweilig → Grau, Blau, Grün

- Wasser → endlos, formlos, fließend, stehend, funkelnd, glitzernd, geheimnisvoll, bedrohlich → Weiß, Gold, Blau, Violett, Schwarz
- Gebirge → abenteuerlich, erhaben, massig, stabil, statisch, zerklüftet, kalt → Gold, Blau, Purpur, Violett
- Wald → entspannend, schützend, abenteuerlich, geheimnisvoll, magisch, dicht, dunkel, bedrohlich → Weiß, Blau, Purpur, Violett, Schwarz
- Frühling → Neuanfang, Erwachen, Sehnsucht → Weiß, Grün, Blau
- Sommer → Licht, Hitze, Muße → Weiß, Gelb, Orange
- Herbst → Wandel, Verschiedenartigkeit, Pracht → Gold, Orange, Rot, Violett
- Winter → Dunkelheit, Kälte, Besinnlichkeit, Magie → Weiß, Silber, Blau, Purpur, Braun, Schwarz
- Jung → dynamisch, mutig, unbekümmert, naiv → Gelb, Orange, Rot, Türkis
- Alt → würdevoll, klug, statisch, starrsinnig → Weiß, Grau, Blau, Purpur, Braun
- Adler → Intelligenz, Entscheidungskraft und Mut, Bote für Gebete → Grau, Gelb, Rot, Violett
- Bär → Heilung, Kraft, Hilfsbereitschaft → Grün, Orange, Rot, Purpur
- Biene → Gemeinschaft, Fleiß, Organisation → Weiß, Rosa, Gelb, Orange
- Elefant → Wohlstand, Kraft, Macht → Silber, Gold, Orange, Türkis, Schwarz
- Eule → Weisheit, verstärkte Wahrnehmung und weibliche Magie → Weiß, Grau, Gelb, Türkis, Violett
- Falke → das Edle, Reflektion und Klarheit, Bote des großen Geistes → Weiß, Silber, Gold, Blau, Violett
- Fledermaus → Intuition, Geheimnisse und Mystik → Gelb, Purpur, Violett
- Fuchs → Wandlung, Schlauheit, Diplomatie → Weiß, Orange, Blau, Violett
- Gans → Schutz und Elternschaft, Ausdauer → Gelb, Orange, Blau
- Glühwürmchen → Neuanfang, Hoffnung, Inspiration und Kreativität → Weiß, Gold, Grün, Purpur, Violett
- Hund → Führung und Schutz, Loyalität und Freundschaft → Blau, Purpur
- Hase → Vorsicht, Intuition, Gleichgewicht und Botschaften aus der Geisterwelt, Wiedergeburt → Silber, Gelb, Orange, Grün, Violett
- Katze → Anmut, Unabhängigkeit und Freiheit, Magie und. Mystik, warnende Botschaften → Gold, Gelb, Türkis, Violett

- Libelle → Träume und Übernatürliches → Purpur, Violett
- Löwe → Stolz, Mut und Kraft, Loyalität → Gold, Orange, Rot, Blau
- Luchs → Visionen, Verstand, Vorsicht und warnende Botschaften sowie Geheimnisse → Gelb, Orange, Blau, Violett
- Marienkäfer → Schutz, Wunscherfüllung und Glück, Wohlstand → Silber, Gold, Gelb, Blau
- Pferd → Anmut, Wiedergeburt, Göttliches, Reisen zwischen den Welten →Weiß, Grau, Türkis, Grün, Violett
- Rabe → Schutz, Heilung, Initiation und Wandlung, Weisheit, Gleichgewicht → Weiß, Gelb, Grün, Blau, Violett
- Hirsch → Schutz, Reinigung, Unabhängigkeit → Blau, Türkis, Grün, Violett
- Schlange → Initiation und Wandlung, Weisheit → Weiß, Orange, Blau, Violett
- Schmetterling → Transformation und Wandlung → Orange, Violett
- Schwan → Heilung, Liebe, Schönheit, Träume → Gold, Türkis, Grün, Rot, Purpur, Violett
- Stier → Gelegenheiten nutzen, Kreativität, Reichtum → Silber, Gold, Orange, Purpur
- Tiger → Macht, Kraft, Abenteuer, Magie zum Wohl der Familie → Gold, Orange, Rot, Türkis, Blau, Violett, Schwarz
- Wolf → Schutz, Kraft, Unterricht, Familie → Gelb, Orange, Türkis, Blau
- Ziege → Zuversicht, Erfolg, Gutmütigkeit → Gelb, Grün, Purpur
- Held → Mut, Beharrlichkeit, Klugheit, Glück → Gelb, Orange, Rot
- Gegenspieler → Neid, Gier, dunkle Magie → Silber, Gold, Schwarz
- Helfer → Schutz, Treue, Hoffnung, Weiße Magie → Blau, Grün, Purpur

RECHERCHIEREN SIE

Fabelwesen und ihre Eigenschaften sowie Märchenfiguren und ihre Eigenschaften (z.B. auf www.maerchenatlas.de).

8.2 Umsetzung als Begegnungsrunde

Eine grundlegende Einführung, wie Sie Begegnungsrunden vorbereiten, finden Sie in Kapitel 2.5: Ablauf → S. 33 bis 36.

Hauptteil: Impuls

Singen eines Liedes passend zum Thema des Textes

Beispiele: Thema und Impuls
Tiere – Der Kuckuck und der Esel
Wasser – Wenn bei Capri die rote Sonne im Meer versinkt
Bäume – Am Brunnen vor dem Tore
Liebe – Du, du liegst mir im Herzen

Hauptteil: Gestaltungsphase

Beim Umsetzen von Texten in Begegnungsrunden können Sie bei einem gemeinsamen Austausch Eindrücke, die beim Zuhören entstanden sind, in den Ablauf einbinden: Wirkung, Charakter, Assoziationen. Das selbe Vorgehen, das Sie selbst bei der Auswahl des Texts angewandt haben, können Sie – vereinfacht – auch gemeinsam mit den Teilnehmern anwenden. Das Schildern persönlicher und individueller Erfahrungen und Meinungen bietet Raum für biografieorientierte Gespräche. Werten Sie Aussagen von Teilnehmern nicht negativ, solange andere dadurch nicht zu Schaden kommen.

Beispiele: Fragestellungen beim gemeinsamen Austausch

- Waren Sie schon einmal ... und was haben Sie erlebt? → Thema des Texts
- Welche Worte wiederholen sich immer wieder?
- Wie würden Sie die Hauptfigur(en) beschreiben?
- Welche Wirkung hat der Text auf Sie?
- Welches Bild hatten Sie beim Vorlesen vor Augen?
- Welche Farben möchten Sie einsetzen?

Ob Sie mit Beteiligten Eindrücke im gemeinsamen Austausch schildern oder nicht hängt davon ab, welches Teilziel mit der Aktivität verbunden ist: Festigung sprachlicher Fähigkeiten und gegenseitiges Kennenlernen oder Stärkung individueller spontaner Kreativität.

1. Vorstellung des Materials und Materialerprobung (»Trockenübungen«)
2. Präsentieren des Texts: Lesen Sie den Text oder einen den Text prägenden Ausschnitt vor
3. Gegebenenfalls gemeinsamer Austausch (Brainstorming)
4. Gestaltungsphase
5. Gemeinsames Betrachten entstandener Werke

Beispiel: »Gefunden« von Johann Wolfgang von Goethe
Eine Blume wird weitergereicht und betrachtet. Dann werden auf ein Papier mit einem Bleistift Blumen skizziert, ohne ins Detail zu gehen. Das Gedicht wird vorgelesen und jeder Teilnehmer schildert, welche Blume der Dichter wohl gemeint haben könnte. Dann lesen Sie das Gedicht noch einmal vor. Ihre Gäste haben dabei Gelegenheit, ihre Skizzen weiter zu bearbeiten und ihre Bilder mit Buntstiften (Holzfarbstiften) auszuschmücken.

Beispiel: »Der Fuchs und der Hahn« von Äsop
Zunächst werden mit Wachsmalstiften Linien auf einem Papier gestaltet. Dann lesen Sie die Fabel vor. Gemeinsam wird erörtert, wie der Hahn aussehen könnte und welche Erfahrungen Beteiligte mit diesen Tieren mitbringen. Danach erfolgt die Gestaltungsphase auf einem weiteren Papier. Dazu werden Wortkarten mit dem Begriff »Hahn« ausgelegt.

Beispiel: »Frederick« von Leo Lionni
Mit Fingerfarbe werden mit den Fingern Punkte auf dem Papier verteilt. Danach lesen Sie den ersten Abschnitt vor, in dem es um den Herbst geht. Der Herbst wird frei und mit den Fingern auf einem weiteren Papier gestaltet. Dann lesen Sie den zweiten Abschnitt vor, in dem es um den Winter geht. Der Winter wird ebenso auf einem weiteren Papier gestaltet. Und zum Schluss lesen Sie den dritten Abschnitt vor, in dem es um den Frühling geht. Der Frühling wird wieder mit den Fingern auf einem weiteren Papier gestaltet. Das den Text abschließende Gedicht wird vorgelesen aber nicht verbildlicht, wer möchte kann die Augen dabei schließen.

9. Begegnungsrunden reflektieren

Nach dem Spiel ist vor dem Spiel, heißt es beim Fußball. Nach der Begegnungsrunde ist vor der Begegnungsrunde in Hinblick auf die Aktivierung und Betreuung. Nehmen Sie sich Zeit, um das Geschehene genauer zu betrachten und zurückzublicken.

Schreiben Sie nach einer Begegnungsrunde kurz auf, was Ihnen spontan dazu einfällt. Mit Hilfe der Reflexion können Sie Schlüsse für Ihr weiteres Vorgehen nutzen, indem Sie die erhaltenen Informationen bei den Vorüberlegungen für Ihre weiteren Handlungsschritte und Begegnungsrunden einbeziehen. Außerdem erfahren Sie immer mehr über die Teilnehmer, so dass Sie individueller auf diese eingehen und entsprechende Anreize schaffen können.

Unter dem Begriff Evaluation versteht man eine sach- und fachgerechte Bewertung, Beurteilung oder Bestimmung. Es geht um eine Bestandsaufnahme, mit der Sie ihre Einschätzungen auf deren Aktualität überprüfen und Entscheidungen für ihr weiteres Vorgehen treffen. Mit der Evaluation können Sie Fehlentwicklungen korrigieren, neue Maßnahmen und Ziele festlegen und bessere Rahmenbedingungen schaffen.

Überprüfen Sie immer wieder, ob ihre Ziele noch erreichbar oder angemessen sind. Lassen Sie sich und dem Betroffenen ausreichend Zeit. Manche Ziele erreichen Sie kurzfristig und andere erst langfristig nach einer längeren Phase gemeinsamer Aktionen. Manchmal sind Auswirkungen von Begegnungsrunden sofort spürbar, manchmal erst nach einer gewissen Zeit. Manche Ziele werden Sie trotz aller Bemühungen gar nicht erreichen. Lassen Sie sich davon nicht entmutigen.

Fragestellungen für eine Reflexion

- Hatte der Teilnehmer Spaß und Freude? Zeigte er Interesse? Wurden positive Erinnerungen geweckt? Wurden ihm Erfolgserlebnisse ermöglicht? Über welche Wahrnehmungskanäle ist er am besten erreichbar? Welche Möglichkeiten hatte er, seine Fähigkeiten einzusetzen? In welchen

Bereichen haben Sie Ihnen bisher unbekannte Ressourcen des Teilnehmers entdeckt? Was kam zu kurz? Was hat sich bewährt?

➢ Wie war die Atmosphäre? Fühlte sich der Teilnehmer wohl? Wo hatte er Hemmungen oder lehnte Tätigkeiten ab? Waren Aufgaben von mir angemessen, ausführbar und nachvollziehbar gestellt? Habe ich Erklärungen verständlich und nachvollziehbar formuliert? War die Dauer der Begegnungsrunde und einzelner Elemente angemessen? War das Tempo angemessen? Entstand eine Balance zwischen Belastung und Entlastung und zwischen Anspannung und Entspannung? Waren Hilfsmittel und Materialien passend gewählt? Waren alle Hilfsmittel und Materialien griffbereit vorhanden? War der Ort gut gewählt? Welche Hilfestellungen brauchte der Teilnehmer?

➢ Zeigt der Teilnehmer vorwiegend extrovertierte oder vorwiegend introvertierte Verhaltensweisen? Welche für ihn wichtigen Werte zeigten sich durch sein Verhalten während und nach der Begegnungsrunde? Was sollte bei der nächsten Begegnungsrunde beibehalten und was verändert werden? Welche Störungen gab es und wie können solche das nächste Mal reduziert werden?

Stichworte für Teilnehmerprotokolle

Reaktionen auf Impulse aus dem Bereich der Wahrnehmung (Sehen, Fühlen, Riechen, Schmecken, Hören, Körperpositionen, Schwingungen) und Reaktionen auf Verhaltensweisen anderer:

- Körperhaltung – Körperspannung – Körperbewegung – Laute oder Worte
- Atemrhythmus – Gesichtsausdruck – Blickrichtung – Hautfarbe
- Stereotypen, also festgefahrene und automatisch auftretende Handlungen

Schwierige Situationen bewerten

Lassen Sie das Erlebte auf sich wirken, um so für spätere Situationen Handlungsstrategien zu entwickeln und Eskalation zu vermeiden. Machen Sie sich keine Vorwürfe, sondern versuchen Sie zu erörtern, wie Sie das nächste Mal besser reagieren können. Jeder von uns hat einmal einen schlechten Tag oder findet nicht immer auf Anhieb die richtigen Worte. Hilfreiche Fragen sind:

➢ Wie waren die Umstände? In welcher Umgebung fand das Geschehen statt? Welchen Rahmen hatte die Situation? Wer war beteiligt?

- Kommen solche oder ähnliche Situationen häufig vor?
- Wie habe ich mich verhalten? Wie hat sich das Gegenüber verhalten? Inwiefern hat sich unser Verhalten gegenseitig beeinflusst? Inwiefern hat das Verhalten anderer bzw. Dritter die Situation beeinflusst? Habe ich meinem Gegenüber durch Worte oder Körpersignale mitgeteilt, dass ich es wahrnehme?
- Wie habe ich mich in der Situation gefühlt? Wie wird sich mein Gegenüber gefühlt haben? Woraus schließe ich das? Treffen meine Beobachtungen diesbezüglich zu und folgere ich richtig?
- Was müsste verändert werden, damit mein Gegenüber in einer ähnlichen Situation nicht überfordert ist? Braucht es mehr Freiraum oder einen engeren Rahmen? Wie könnten ihm Ängste oder Befürchtungen genommen werden? Welche Gesprächstechniken könnten helfen? Was müsste verändert werden, damit ich in einer ähnlichen Situation nicht überfordert bin und es mir dabei gut geht? Welcher Kompromiss könnte geschlossen werden, der für beide Seiten akzeptabel ist? Mit welchen Personen meines Vertrauens könnte ich mich über das Problem austauschen?

Fragestellungen für eine Evaluation

- Was wurde tatsächlich erreicht?
- Ist die Informationssammlung vollständig?
- Wurden Ausgangssituation, Probleme, Ressourcen richtig eingeschätzt?
- Bleibt Raum für Spontaneität, Unerwartetes oder Neues?
- Sind Maßnahmen und Ziele angemessen?
- Sind Rahmenbedingungen angemessen wie Dauer, Raum, Zeitpunkt, Material, Hilfsmittel, Ablauf und so weiter?
- Hat sich ein gesundheitlicher, seelischer, geistiger oder emotionaler Zustand anhaltend verändert oder verschlechtert?
- Gibt es Angebote und Aktionen, die durchgehend abgelehnt werden?
- Auf welche Angebote und Aktionen reagiert der Teilnehmer durchgehend positiv?
- Welche Punkte müssen ergänzt oder wiederholt werden?

Auf http://www.buechner-verlag.de/wp/wp-content/uploads/2017/11/Koe_01.pdf finden Sie die unten abgebildeten Kopierlagen im Din-A4-Format sowie eine Vorlage für den Bau der Futterstation (→ Seite 174) zum Download.

Orientierungsbogen/1 von 2

TEILNEHMERBESCHREIBUNG

Name: ....

Geburtsdatum: .... Geburtsort: ....

Beruf: ....

Hobbies: ....

Person ist im Alltag motivierbar.	Schlüsselreize und Antriebe:	
Person orientiert sich im Alltag stark an Vorgaben, Strukturen, Regeln und Ritualen.	☐ ja	☐ nein
Person bevorzugt im Alltag bestimmte Oberflächenstrukturen.	☐ Papier ☐ Holz ☐ Stein ☐ Porzellan	☐ Wolle und Stoff ☐ Naturmaterial ☐ ____________ ☐ ____________

Person empfindet bestimmte Sinneseindrücke als unangenehm.	☐ Nasses und Glitschiges (Tasten)
	☐ Styropor/Schaumstoff/Schleifpapier
	    ☐ direkter Hautkontakt
	    ☐ Geräusche bei der Bearbeitung
	☐ hohe Töne und Klänge (Hören)
	☐ Berührung durch einen anderen Menschen
	☐ Aufenthalt in einer größeren Gruppe
	☐ ____________________________	

Person kann ihren Alltag weitestgehend selbst bewältigen aufgrund...	☐ ... sprachlicher Ausdrucksmöglichkeiten. ☐ ... feinmotorischer Fähigkeiten. ☐ ... komplexer Denkleistungen. ☐ ... von Kontaktfreudigkeit und Offenheit. ☐ ... ____________________________ .	
Person zeigt im Alltag Interesse an Kunst und Kultur.	☐ ja	☐ nein
Person zeigt im Alltag Kreativität.	Situationen und Bereiche:	
Person zeigt im Alltag handwerkliches Geschick.	Situationen und Bereiche:	

Orientierungsbogen/2 von 2

Beeinträchtigungen (Körper, Geist, Seele) und Schwächen:

....
....
....
....
....

Stärken und Kompetenzen (Körper, Geist, Sozialverhalten):

....
....
....
....
....

Konzept und Ziel:

....
....
....
....
....
....

Ideenpool:

....
....
....
....
....

Vorauswahl:

....
....

Methoden, Hilfestellungen und Kommunikation:

....
....
....
....
....

Orientierungsbogen/1 von 2

TEILNEHMERBESCHREIBUNG

Name: Heinrich Mustermann

Geburtsdatum: 06.10.1939 Geburtsort: Möhrig

Beruf: Metzger

Hobbies: blättert gerne in Magazinen z.B. Landleben

Person ist im Alltag motivierbar.	Schlüsselreize und Antriebe: Optik und Haptik Thema Dorfleben	
Person orientiert sich im Alltag stark an Vorgaben, Strukturen, Regeln und Ritualen	☐ ja	☒ nein
Person bevorzugt im Alltag bestimmte Oberflächenstrukturen.	☒ Papier ☒ Holz ☐ Stein ☐ Porzellan	☐ Wolle und Stoff ☐ Naturmaterial ☐ ________ ☐ ________
Person empfindet bestimmte Sinneseindrücke als unangenehm.	☐ Nasses und Glitschiges (Tasten) ☒ Styropor/Schaumstoff/Schleifpapier ☒ direkter Hautkontakt ☐ Geräusche bei der Bearbeitung ☐ hohe Töne und Klänge (Hören) ☐ Berührung durch einen anderen Menschen ☐ Aufenthalt in einer größeren Gruppe ☐ ________	
Person kann ihren Alltag weitestgehend selbst bewältigen aufgrund ...	☐ ... sprachlicher Ausdrucksmöglichkeiten. ☐ ... feinmotorischer Fähigkeiten. ☐ ... komplexer Denkleistungen. ☐ ... von Kontaktfreudigkeit und Offenheit. ☐ ... ________ .	
Person zeigt im Alltag Interesse an Kunst und Kultur.	☐ ja	☒ nein
Person zeigt im Alltag Kreativität.	Situationen und Bereiche: Dinge ordnen nach eigenen Vorstellungen	
Person zeigt im Alltag handwerkliches Geschick.	Situationen und Bereiche: /	

Beispiel für einen ausgefüllten Orientierungsbogen

Orientierungsbogen/2 von 2

Beeinträchtigungen (Körper, Geist, Seele) und Schwächen:

Rollstuhl, Schwierigkeiten beim Ausführen präziser Bewegungen mit der rechten Hand, bewegt sich insgesamt langsam und bedächtig, Gedächtniseinbußen, antwortet oft zeitverzögert

Stärken und Kompetenzen (Körper, Geist, Sozialverhalten):

Führt Bewegungen mit der linken Hand gewissenhaft aus, Ausdauer, kann sprachliche Anmerkungen und Hinweise umsetzen, behält die Ruhe auch bei Unruhe im Umfeld

Konzept und Ziel:

Gesunderhaltung - Abbauprozessen entgegenwirken:
Feinmotorik der linken Hand

Ideenpool:

Tablett aus Holz bestempeln, Motivdruck, Schmirgelarbeiten mit Holz und Bemalen des Werkstücks, Mandala legen aus Pappformen

Vorauswahl:

Tablett aus Holz bestempeln
Mandala legen aus Pappformen

Methoden, Hilfestellungen und Kommunikation:

Gestalten mit Motto oder freies Gestalten, Kleingruppe, Sitzplatz der Betreuungskraft rechts neben Bewohner, oft geschlossene oder alternative Fragen, Tablett mit flachem Rand und Weinkorken

11. Stichwortverzeichnis

4. Einfach Schönes erschaffen 67

5. Künstlerisch Gestalten 97

Ergänzende Bildnachweise: 38 Piet Mondrian: Komposition in Rot, Gelb, Blau und Schwarz, 1921; https://commons.wikimedia.org/wiki/File:Piet_Mondriaan,_1921_-_Composition_en_rouge,_jaune,_bleu_et_noir.jpg / Alexej von Jawlensky: Variation, um 1919; https://commons.wikimedia.org/wiki/File:Alexej_von_Jawlensky_Variation_c1919.jpg // 39 Kazimir Malevich: Der Holzfäller, 1912; https://commons.wikimedia.org/wiki/File:Woodcutter.jpg // 41 Albrecht Altdorfer: Donaulandschaft mit Schloss Wörth, um 1528; https://de.wikipedia.org/wiki/Datei:Altdorfer-Donau.jpg / Ernst Ludwig Kirchner: Die Lehmgrube, um 1906; https://commons.wikimedia.org/wiki/File:Ernst_Ludwig_Kirchner_-_The_Loam_Pit.jpg // 42 Paul Klee: Senecio, 1922; https://commons.wikimedia.org/wiki/File:Senecio2.JPG / Jan Vermeer: Das Mädchen mit dem Perlenohrring, um 1665; https://commons.wikimedia.org/wiki/File:Girl_with_a_Pearl_Earring.jpg / Juan Gris: Mann im Café, 1920; https://commons.wikimedia.org/wiki/File:Gris2.jpg // 43 August Macke: Walterchens Spielsachen, 1912; https://commons.wikimedia.org/wiki/File:1912_Macke_Walterchens_Spielsachen_anagoria.JPG / Jan Davidsz de Heem: Blumenvase, um 1645; https://commons.wikimedia.org/wiki/File:Jan_Davidsz_de_Heem_002.jpg / Auguste Rodin: Akt in einem Kelch aus Metall, letztes Viertel 19. Jahrhundert; http://www.culture.gouv.fr/Wave/image/joconde/0379/m504406_s372_p.jpg // 60 Franz Marc: Pferd in Landschaft, 1910; https://www.philipphauer.de/galerie/franz-marc/werke-gr/pferd-in-landschaft.jpg / Francisco de Goya: Porträt des Tiburcio Pérez y Cuervo, 1820; https://de.wikipedia.org/wiki/Datei:Tiburcio_P%C3%A9rez_y_Cuervo_por_Goya.jpg / Paul Cézanne: Die Bucht von Marseille, um 1885; https://commons.wikimedia.org/wiki/File:Paul_C%C3%A9zanne_044.jpg / Max Slevogt: Mondnacht Neukastel, 1917 / Paul Gauguin: Die Welle oder Undine (1), 1889; https://commons.wikimedia.org/wiki/File:Paul_Gauguin_-_%22In_the_waves%22_or_%22Ondine%22_-_1889.jpg / George Seurat: La Grande Jatte, 1884(85; https://commons.wikimedia.org/wiki/File:Georges_Seurat_-_Un_dimanche_apr%C3%A8s-midi_%C3%A0_l%27%C3%8Ele_de_la_Grande_Jatte.jpg, /132 oben: Wulsttechnik, Fotografie von Poupou l'quourouce, 2013; https://commons.wikimedia.org/wiki/File:Aufbaukeramik_Wulsttechnik_5.JPG (CC BY 3.0)